实验语音学实践入门

凌 锋 编著

上海大学出版社

图书在版编目(CIP)数据

实验语音学实践入门/凌锋编著. —上海：上海大学出版社，2022.12
ISBN 978-7-5671-4665-5

Ⅰ.①实… Ⅱ.①凌… Ⅲ.①实验语言学 Ⅳ.①H017

中国版本图书馆 CIP 数据核字(2022)第 243945 号

责任编辑　黄晓彦
助理编辑　颜颖颖
封面设计　缪炎栩

实验语音学实践入门

凌　锋　编著
上海大学出版社出版发行
(上海市上大路 99 号　邮政编码 200444)
(http://www.shupress.cn　发行热线 021-66135112)
出版人：戴骏豪

*

江苏句容排印厂印刷　各地新华书店经销
开本 890mm×1240mm　1/32　印张 7.5　字数 201 000
2023 年 2 月第 1 版　2023 年 2 月第 1 次印刷
ISBN 978-7-5671-4665-5/H・413　定价：48.00 元

版权所有　侵权必究
如发现本书有印装质量问题请与印刷厂质量科联系
联系电话：0511-87871135

前　　言

实验语音学是一门用实验手段来研究语音自然属性的学科,也是语言学各子领域中与自然科学关系最密切的领域之一。使用仪器来测量语音,不但结果更加精确,还可以避免传统研究主观性的问题产生,并可以解释很多传统研究无法解决的语音问题。所以,罗常培先生才会说"可咨实验以补听官之缺"。在现代技术飞速发展的今天,很多语音实验尤其声学实验,已经不需要借助专门的昂贵的实验仪器,只需用普通的家用电脑就可以完成,大大降低了语音实验的操作门槛。所以,现在很多非实验语音学背景的语言学者也经常在研究中加入一些实验的成分。可以说,未来只要是跟语音相关的研究,要避免实验几乎是不可能的。

既然要做实验,就必然涉及仪器操作、编程、统计等。对于纯文科背景出身的学者来说,初次接触这样的领域往往容易望而生畏,这也是我当年初学实验语音学碰到的问题。所以,当我进入高校工作后,在教学过程中萌生了自己写一本教材的念头。这本教材应该尽量不涉及昂贵的专门语音研究设备,只讲授使用非专业设备就可以完成实验,内容的编排应该把实验语音学基础知识的学习和语音分析软件操作、脚本编写融合在一起。至于书名,我毫不犹豫地定为《实验语音学实践入门》(*A Practical Introduction to Experimental Phonetics*)。

这里有必要稍微介绍一下本教材主要使用的一款语音分析软件Praat。Praat是荷兰语"说话"的意思。它是荷兰阿姆斯特丹大学人文学院语音科学研究所的保罗·博尔斯马(Paul Boersma)教授和戴维·韦宁克(David Weenink)教授合作编写的一款免费共享语音分析软件。它的运行程序和源代码都可以在 www.praat.org 下载。

Praat 支持在 Windows、Macintosh、Linux 等多种电脑操作系统中运行。它的主要功能是对语音信号进行采集、分析和标注,开展诸如音高、频谱、语图等多种声学参数的测量,还能合成语音、统计数据、进行听辨实验等。可以说,声学语音学的常见实验,都可以通过 Praat 完成。而且 Praat 还能绘制印刷级别的矢量图和位图,供写作和印刷学术论文与专著使用。非但如此,Praat 还提供了一套脚本语言,不仅方便使用者进行自动化分析,还可以利用脚本进一步扩展 Praat 的功能。所以,Praat 发布后不久,就迅速被世界各国的语音学者所采用。

Praat 最早的版本发布于 1993 年。此后,短则几天、长则月余不断发布更新的修订版本,隔若干年还会进行主版本的更新。截至 2022 年 12 月,已经发布到 6.302 版。随着 Praat 版本的更新,其功能和用途也不断扩展。本书作为一本入门教材,只涉及其中一小部分功能。另外,部分语音调查无法用 Praat 解决,所以还会介绍一些其他软件以及实验方法来完成一些相关研究。

本书的写作得到上海大学文学院及丁治民教授的大力支持。教材内容参考了部分国内外学者的相关专著和论文,以及网上的一些共享资料。有些资料由于几经流传,出处不详,教材中没有一一标注,谨在此一并表示感谢。

本书可供语音学、方言学的研究生作为实验语音学教材,也可作为学有余力的高年级语言学专业本科生和广大语音学爱好者的课外读物。由于准备比较仓促,全书或许还存在不少问题,欢迎广大读者批评指正。

作　者
2022 年 12 月 15 日

目　　录

第 1 章　国际音标和语音学的基本知识框架 …………………… 1
　1.1　2015 版国际音标的辅音描写框架 ……………………… 2
　1.2　国内通行国际音标辅音表的问题 ………………………… 8
　1.3　元音表的问题 ……………………………………………… 12
　1.4　如何看待国际音标 ………………………………………… 14

第 2 章　Praat 简介与声学、数字信号处理 ……………………… 17
　2.1　Praat 的界面和基本操作 ………………………………… 17
　2.2　声学基础 …………………………………………………… 24
　2.3　数字信号处理基础 ………………………………………… 30
　2.4　声音编辑与数字滤波 ……………………………………… 36

第 3 章　Praat 脚本编写与声音的感知特点 …………………… 41
　3.1　Praat 脚本 ………………………………………………… 41
　3.2　声音的主观量 ……………………………………………… 51

第 4 章　复合波和波形分析 ……………………………………… 68
　4.1　复合波的种类和频谱分析 ………………………………… 68
　4.2　利用频谱降噪 ……………………………………………… 76
　4.3　语图 ………………………………………………………… 79

第 5 章　如何进行声调分析 ……………………………………… 90
　5.1　声调与音高 ………………………………………………… 90
　5.2　音高测量 …………………………………………………… 94
　5.3　测量参数的调整 …………………………………………… 96
　5.4　振幅测量 …………………………………………………… 107

5.5 声调实验的设计和数据结果处理 ⋯⋯⋯⋯⋯⋯⋯⋯⋯⋯ 108
第 6 章 如何进行元音分析 ⋯⋯⋯⋯⋯⋯⋯⋯⋯⋯⋯⋯⋯⋯⋯⋯⋯ 120
　6.1 阻尼波与共鸣 ⋯⋯⋯⋯⋯⋯⋯⋯⋯⋯⋯⋯⋯⋯⋯⋯⋯⋯⋯ 120
　6.2 声道共鸣的声学原理 ⋯⋯⋯⋯⋯⋯⋯⋯⋯⋯⋯⋯⋯⋯⋯⋯ 125
　6.3 共振峰测量 ⋯⋯⋯⋯⋯⋯⋯⋯⋯⋯⋯⋯⋯⋯⋯⋯⋯⋯⋯⋯ 139
　6.4 共振峰数值的标准化 ⋯⋯⋯⋯⋯⋯⋯⋯⋯⋯⋯⋯⋯⋯⋯⋯ 158
第 7 章 如何进行辅音分析 ⋯⋯⋯⋯⋯⋯⋯⋯⋯⋯⋯⋯⋯⋯⋯⋯⋯ 161
　7.1 研究发音部位最经济高效的一种方法 ⋯⋯⋯⋯⋯⋯⋯⋯ 161
　7.2 塞音 ⋯⋯⋯⋯⋯⋯⋯⋯⋯⋯⋯⋯⋯⋯⋯⋯⋯⋯⋯⋯⋯⋯⋯ 165
　7.3 擦音 ⋯⋯⋯⋯⋯⋯⋯⋯⋯⋯⋯⋯⋯⋯⋯⋯⋯⋯⋯⋯⋯⋯⋯ 175
　7.4 近音与鼻音 ⋯⋯⋯⋯⋯⋯⋯⋯⋯⋯⋯⋯⋯⋯⋯⋯⋯⋯⋯⋯ 183
第 8 章 如何进行发声态分析 ⋯⋯⋯⋯⋯⋯⋯⋯⋯⋯⋯⋯⋯⋯⋯⋯ 193
　8.1 发声态的基本特征与相关参数 ⋯⋯⋯⋯⋯⋯⋯⋯⋯⋯⋯ 194
　8.2 VoiceSauce 操作 ⋯⋯⋯⋯⋯⋯⋯⋯⋯⋯⋯⋯⋯⋯⋯⋯⋯⋯ 213
参考文献 ⋯⋯⋯⋯⋯⋯⋯⋯⋯⋯⋯⋯⋯⋯⋯⋯⋯⋯⋯⋯⋯⋯⋯⋯⋯ 224
附录 ⋯⋯⋯⋯⋯⋯⋯⋯⋯⋯⋯⋯⋯⋯⋯⋯⋯⋯⋯⋯⋯⋯⋯⋯⋯⋯⋯ 226

第 1 章　国际音标和语音学的基本知识框架

本教材的预期读者是已经具备了一定语音学基础知识的学生。但是有鉴于目前国内语音学教材的现状，我们还是觉得有必要在介绍实验语音学的基础内容之前，加入这个章节，通过比较最新版国际音标表和国内常见的国际音标表，给读者梳理一下语音学的基础框架。

国际音标是现代语音学的基础描写工具。从 1888 年国际音标第一次发布至今已经 130 多年了。在这 130 多年里，国际音标经过不断修订完善，不但出现在各类语音学著作中，还被广泛用于世界各国出版的词典和外语学习教科书。在我国，国际音标同样也成为了各高校语言学相关专业学生必须掌握的基础知识。

比较奇怪的是，如果不是采用原版教材，国内通行的多数语音学、语言学以及现代汉语教材使用的国际音标都不是最新版国际音标，而是 1989 年之前的国际音标版本，至多有一定程度的增删。当然，并不是说所有课程讲授内容越新越好，尤其在基础课上往往更多地讲授一些已经经过长时间实践检验，比较确定的一些理论。但是，1989 年是国际音标发展历史中相当重要的一年。因为这一年在德国基尔召开了一次语音学研讨会。在会上，经过集体讨论，对国际音标表做了国际音标发展史上的一次重大修订。所以是承袭原来的国际音标教学体系，还是采用新版国际音标，已经成为国内语言学界语音教学方面必须要面对的问题。

要解决这个问题，就需要先了解 1989 年之前的国际音标存在哪些不足，为什么新版国际音标要对它进行修订，新版国际音标背后的基本描写框架又是什么。

1.1 2015版①国际音标的辅音描写框架

国际音标表可以分成辅音表、元音表、附加符号表和超音段音标表四个部分。其中辅音表中音标符号最多,不但能比较完整地体现国际音标的描写框架,也是国内外音标表差别最大的一个部分。本节我们就根据2015年版国际音标辅音表(表1-1、表1-2)来分析一下这个框架。

国际音标表设计的时候有个原则,要让表格在形式上就能直接体现出各个音标的语音特征来。但是二维表格只有横栏加竖栏,照说只能表达两个参数,也就是传统教科书所谓的发音部位和发音方法。但是随着语音研究的深入,两个参数是远远不够描述语音差别的。

比如要实现一个语音需要最基础的三要素:启动(Initiation)、发声(Phonation)和调音(Articulation)。2015版国际音标辅音表的处理办法是分成肺部气流音(Pulmonic)主表、非肺部气流音表(Non-pulmonic)和其他辅音表三张表格。前两张表的分离,就是为了对应语音的三要素中的"启动"。最常见的"肺部气流机制音"放在主表中,不是很常见的其他气流机制音则统一放在非肺部气流音表中。其他辅音表则用于放置不大好安排在主表中的音,详见后文。

主表通过精心编排,同时可以体现发声态和调音特征。不过其中发声态特征只区分了清浊两个大类特征,方式是依靠单格内的左右位置,左边的为清,右边的为浊。而格子之间的关系理论上是参照声道

---

① 国际音标表不定期会做一定程度的修订。2015年版是目前国际语音学会发布的最新版,不过它只是在2005年版的基础上更新了一些字体,而所用符号和表格编排和2005年版基本是一样的。

自然结构的位置来表现调音特征的。但是平面表格本身是二维的，而调音参数却不止两个。因为声道是三维体，天然就有长、宽、高三个维度参数，只利用纵、横两个维度来简单组织表格，是无法合理安排所有音标的，必须要用更复杂的编排方式来组织表格。

事实上，调音还不止需要三个参数，除了声道本身的长、宽、高外，还要加上时间和鼻腔参与两个参数。声道的"长"定义为从唇到声门这个方向的坐标轴，可以称之为"纵向（Longitudinal）"；"高"定义为主被动发音器官之间的距离，即与"纵向"垂直的"高度（Vertical）"；而"宽"是与"纵向"构成水平平面的坐标轴，可以称之为"横向（Transverse）"。"时间"是指音素本身是否能延续。"鼻腔参与"是指气流是否会通过鼻腔。

纵向基本就等同于传统描写中的发音部位。国际音标体系中实际一共区分了11类被动发音部位：上唇、上齿、龈（齿龈）、后龈（后齿龈）、龈腭、硬腭、软腭、小舌、咽、会厌和声门；还区分了9类主动发音部位：下唇、下齿、舌尖、下舌叶、舌叶、前舌面、中舌面、后舌面和舌根。

高度这个维度略接近传统描写中的发音方式。根据主动、被动发音部位的距离可以分成"塞音（Stop）""摩擦音（Fricative）""近音（Approximant）"①和"共鸣音（Resonant）"②四类。距离最近或者说高度最高的就是完全闭塞的"塞音"。高度为其次的是主被动发音部位构成很窄缝隙的"摩擦音"（简称为"擦音"）。高度再低一点的是"近音"，高度最低的是"共鸣音"。要区分后三类不同高度的音，可以利用它们各自的空气动力特征。因为这三类音差别其实就是缝隙的大小。

横向这个维度则比较简单，就是气流通道是在中央，还是在侧面

---

① 关于"近音"这个术语不同学者的用法不大一样，我们这里采用 Catford（1977）的用法。
② Sonorant 和 Resonant 这两个词学界经常翻译成"响音"。前者一般是与阻音（Obstruent）相对使用，包含鼻塞音（Nasal stop）、近音和元音。所以概念上与后者不同。为了区分，本书把后者翻译成"共鸣音"。

(包括一侧或者两侧)。通道在中央的可以称为"央(Median)",通道在侧面的可以称为"边(Lateral)"。

时间维度是指音素的发音过程是否存在一个稳定的持续段。大部分音素有持续段,但也有些音素没有持续段。

鼻腔参与是因为声道主要指从声门到唇这个管道,但是咽腔和口腔交界处还有一条旁支的管道,由软腭升降来控制气流是否进入鼻腔。相同声道造型但是鼻腔通道是否打开也会影响音色。

这5个调音参数,从定义上就可以看出,它们都是独立控制的,既无交叉,也不会冲突。所以定义任何一个音素的调音特征都需要说明5个参数的取值。

表1-1 国际音标辅音主表

THE INTERNATIONAL PHONETIC ALPHABET (revised to 2015)

CONSONANTS (PULMONIC)   © 2015 IPA

	Bilabial	Labiodental	Dental	Alveolar	Postalveolar	Retroflex	Palatal	Velar	Uvular	Pharyngeal	Glottal
Plosive	p b			t d		ʈ ɖ	c ɟ	k ɡ	q ɢ		ʔ
Nasal	m	ɱ		n		ɳ	ɲ	ŋ	ɴ		
Trill	ʙ			r					ʀ		
Tap or Flap		ⱱ		ɾ		ɽ					
Fricative	ɸ β	f v	θ ð	s z	ʃ ʒ	ʂ ʐ	ç ʝ	x ɣ	χ ʁ	ħ ʕ	h ɦ
Lateral fricative				ɬ ɮ							
Approximant		ʋ		ɹ		ɻ	j	ɰ			
Lateral approximant				l		ɭ	ʎ	ʟ			

Symbols to the right in a cell are voiced, to the left are voiceless. Shaded areas denote articulations judged impossible.

表1-2 国际音标非肺部气流机制辅音表和其他辅音表

CONSONANTS (NON-PULMONIC)

Clicks	Voiced implosives	Ejectives
ʘ Bilabial	ɓ Bilabial	ʼ Examples:
ǀ Dental	ɗ Dental/alveolar	pʼ Bilabial
ǃ (Post)alveolar	ʄ Palatal	tʼ Dental/alveolar
ǂ Palatoalveolar	ɠ Velar	kʼ Velar
ǁ Alveolar lateral	ʛ Uvular	sʼ Alveolar fricative

OTHER SYMBOLS

ʍ Voiceless labial-velar fricative	ɕ ʑ Alveolo-palatal fricatives
w Voiced labial-velar approximant	ɺ Voiced alveolar lateral flap
ɥ Voiced labial-palatal approximant	ɧ Simultaneous ʃ and x
ʜ Voiceless epiglottal fricative	
ʢ Voiced epiglottal fricative	
ʡ Epiglottal plosive	

因此在主表的设计中,就需要做到只有纵横两个维度而容纳下5个参数。

其中辅音表的横栏排列比较清楚,可以理解为就是对"纵向"维度的映射。一般认为其中只列出了被动发音部位。从严格的语音描写来说,同时需要列出主动和被动发音部位才能比较准确地说明一个音的部位,因为调音动作既可以由有上下对应关系的主被动部位来形成所谓中性调音(Neural Articulation),也可以由不是对应关系的主被动部位形成错位调音(Displaced Articulation)。但是如果为了简化名称,只用其中一个来命名音标,那么还是用被动部位相对更加合理。因为对一个声音音质影响最重要的一个因素就是与它联系的共鸣腔的长度。而主动发音器官中最重要的器官舌头本身就是一个可以伸缩的弹性器官,长度和本身的位置都可以变化。比如舌尖既可以与最外面的上唇配合,也可以缩进去与硬腭配合。这样也就意味着确定了舌头的哪个位置去与被动发音部位接近,但仍然无法确定共鸣腔的长度。而被动发音部位的位置都是固定不动的,如果确定了是哪个部位与主动发音器官配合,那么无论是主动发音器官的哪个部位与之配合,共鸣腔的长度基本可以确定。因此虽然早期国际音标有一些发音部位是用主动发音部位命名的,但从1926版国际音标表开始就基本一直采用被动部位为主的命名方式。

不过由于语音学传统等一些因素,真要细究起来,辅音表的横栏也并非完全使用了被动部位命名。比如表1-1最左边的两个唇音列的名称是"双唇""唇齿",这显然就不仅采用了被动发音部位,而是同时用主被动发音部位。但如果真严格按"主动-被动"命名方式,其实应该分别称为"下唇-上唇"和"下唇-上齿"。除此之外,还有一列的名称为"卷舌",这是辅音表中唯一以发音方式而非发音部位命名的竖列。如果按照"主动-被动"命名,它其实应该称为"下舌叶-前硬腭"。这个名称同样在一定程度上也是为了兼顾传统而保留的。另外,龈腭和会厌两个部位的音由于涉及的音标比较少,为了让主表不至于太宽,就改放到了"其他辅音表"(表1-2右)中(Esling,2010),所以最后主表的横栏一共分成11栏(表1-1)。

而剩下的 4 个参数全部包含在辅音表的竖栏的顺序排列中。要在一个竖栏中表达出 4 个参数,解决方法就是把参数组织成几个层级。第一个层级是"高度"。这不但是因为发音部位与发音高度是辅音最重要的两个参数,而且辅音表本身的排列也是尽量模拟发音器官本身的自然顺序来设计的。把横栏按发音部位、竖栏按高度排列就可以很容易地把辅音表与发音器官的剖面图联系起来。所以根据高度的差异,竖栏可以分成三类。最上面的 4 格都是塞音,接下来 2 格都是擦音,最底下 2 格都是近音。而共鸣音都是元音,所以没有列在这个表里。剩下还有 3 个因素,逻辑上讲可以再组成 3 个层级。但是由于有些逻辑组合并不常见,所以在相同高度的情况下,基本上就是以这类音是否常见作为依据,常见的音类列在上面,不常见的音类列在下面。而更不常见的音索性就没有设计专门音标,使用时如有需要,就用加附加符号的方法表示。下面我们把各高度中出现的音类一一介绍一下(表 1-3)。

表 1-3　国际音标竖栏音类对应的调音特征

	高度	横向	时间	鼻腔参与	音标举例
爆发音	塞	央	久	无	p b
鼻音	塞	央	久	有	m n
颤音	塞	央	久	无	ʙ r
拍音或闪音	塞	央	暂	无	ɾ ɽ
边闪音	塞	边	暂	无	ɺ
擦音	擦	央	久	无	s z
边擦音	擦	边	久	无	ɬ ɮ
近音	近	央	暂	无	ɹ ɻ
边近音	近	边	久	无	l ʎ

第一大类是塞音,高度最高的塞音有 4 种。第一种是爆发音(Plosive,也可翻译成爆音),由于最常见的塞音就是这一类,所以多数学者经常直接用塞音来指称爆发音。这类音的完整性质其实应该是:闭塞、无鼻化、久音。由于塞音气流通道是完全闭塞的,因此无所

谓央音还是边音。第二种是鼻音(Nasal)，如果严格命名的话应该称为鼻塞音(Nasal Stop)。它的完整性质是：闭塞、鼻化、久音。第三种是颤音(Trill)。颤音是比较特殊的塞音，它发音的时候是靠发音器官中的弹性部位的尖端形成闭塞，但相比爆发音来说它的闭塞没那么紧张，这样气流很容易冲破这种闭塞。在这个过程中，由于空气动力的原因，导致弹性部位不断振动。因此从属性来说，它的完整性质也是：闭塞、无鼻化、久音，但其中闭塞有多次。一定程度上可以理解为多个极短的塞音的组合。第四种实际有两种音。一种是拍音(Tap)，它与颤音的发音动作差不多，也是形成一个不是很紧的闭塞，但它的闭塞是瞬间就结束的，而不是振动多次。因此拍音的完整性质是：闭塞、无鼻化、暂音。另一种是闪音(Flap)。它的完整性质也是：闭塞、无鼻化、暂音。与拍音不同的是，它的主动发音器官不是去触碰被动发音部位，而是贴在上面一滑而过。

第二大类是擦音，它主要包含两种音。一种是常见的气流通道在中央的擦音，一般使用擦音这个术语，默认就是指这类中央擦音。它的完整性质是：擦、无鼻化、久音、央音。另一种则是气流通道在侧面的擦音，直接就称为边擦音(Lateral Fricative)。它的完整性质是：擦、无鼻化、久音、边音。理论上讲，擦音同样也有鼻化音和暂音，但是这类音一般总是作为音位变体出现，国际音标中没有给它们专门设计音标。

第三大类是近音。和擦音类似，它主要也是包含央音和边音两类。央近音一般就直接称为近音，早期的国际音标版本曾经称之为无擦通音和半元音(Frictionless Continuants and Semi-vowels)。它的发音性质是：近音、无鼻化、暂音、央音。边近音(Lateral Approximant)是最常见的边音，因此很多时候提到边音就是指边近音。它的发音性质是：近音、无鼻化、久音、边音。近音也同时可以区分鼻化不鼻化和是否持续，但国际音标中基本上没有给它们设计专门的符号，需要描写的时候可以使用鼻化[˜]以及不成音节[̯]这两个附加符号。至于可以持续的中央近音则多数不再是辅音，而属于高元音，不会出现在辅音表中。

总结起来,竖栏中出现的各个音类涉及的调音特征可以归纳成一个特征矩阵。

表1-2(左)罗列了非肺部气流机制的音,这些音除了气流机制与主表的音不同外,在调音方面并没有特殊之处,只是由于启动的限制,主要以塞音为主,有少量擦音。表1-2(右)罗列的是因为某些原因没有放入辅音主表中的音标。第一类是像[w]这样的双发音部位的辅音,同时在双唇和软腭位置都形成了高度为近音的阻碍。这样的音标既同时可以放在这两个位置(1989年以前的版本就是这么处理的),但两个位置又不都很合适。它们包括[ʍ][w][ɥ][ɧ]这几个音。第二类是因为辅音主表已经太宽了,为了节省空间,就把音标很少的行或列从主表转移到其他符号表,它们包括[ʜ][ʔ][ʕ][ɢ][ʢ]。

根据这样的描写体系,就可以重新给出一个元音和辅音的定义。所谓元音就是"可持续的、中央的、口音的、舌面或舌咽的近音和共鸣音"(Catford,1977:166),而剩余的其他音段就都属于辅音。

总体来说用语音3要素和调音5参数的办法来描写已经足够说明国际音标辅音表的分类体系,但是由于语音学传统等因素的影响,我们也看到国际音标表的命名并没有完全贯彻一致的原则。比如发音部位方面,本来应该统一用被动发音部位命名,但是实际上既有双名命名的(两列唇音),也有发音动作命名的(卷舌)。

1.2 国内通行国际音标辅音表的问题

搞清楚了现在国际音标的描写框架,我们就可以以此作为参照评价国内目前通行的国际音标方案。国内通行的国际音标方案基本都是基于1989年以前的国际音标版本略作增删。在分类体系上大致就是把辅音的特征分成发音部位和发音方法两个方面。这种分类本身确实有其简明直观等优点,在音系分析上也比较方便实用。但是也有一些明显的缺点,比如"发音方法"这个概念包含的信息就太庞杂,内部还存在交叉分类,不够严密。因此,从精细准确描写语音和体系本身的完备角度来说,还是存在很多值得改变的地方。对于国内通行的方案,很多学者也都提出了批评(如麦耘,2005;黄笑山,2006;朱晓农,2008;以及《民族语文》2012 年第 5 期的系列论文等)。我们将结合这些批评进一步分析一下国内的音标方案。

常见教科书使用的国际音标虽然主体差不多,但多少还是有点出入。1951 年版(表 1-4,转引自《方言》1980 年第 2 期)国际音标对国内学界影响又很大,目前国内中文教科书里出现的国际音标表大多是在这个表基础上做了适当的增删。所以我们就以这个版本的国际音标为例,评析一下其中存在的问题。

表 1-4 1951 年版国际音标辅音表

THE INTERNATIONAL PHONETIC ALPHABET.
(Revised to 1951.)

		Bi-labial	Labio-dental	Dental and Alveolar	Retroflex	Palato-alveolar	Alveolo-palatal	Palatal	Velar	Uvular	Pharyngal	Glottal
CONSONANTS	Plosive	p b		t d	ʈ ɖ			c ɟ	k g	q ɢ		ʔ
	Nasal	m	ɱ	n	ɳ			ɲ	ŋ	ɴ		
	Lateral Fricative			ɬ ɮ								
	Lateral Non-fricative			l	ɭ			ʎ				
	Rolled			r						R		
	Flapped			ɾ	ɽ					ʀ		
	Fricative	ɸ β	f v	θ ð s z	ʂ ʐ	ʃ ʒ	ɕ ʑ	ç ʝ	x ɣ	χ ʁ	ħ ʕ	h ɦ
	Frictionless Continuants and Semi-vowels	w	ɥ	ʋ	ɹ			j (ɥ)	(w)			

首先,这个表中的符号没有完全贯彻国际音标"一符一音"的原则。有两个音标同时出现在几个格子里。其中[ɹ]同时出现在齿龈擦音和齿龈无擦通音,[j]同时出现在硬腭擦音和硬腭无擦通音的格子里。另外[w]和[ɥ]也同时出现在两个格子中,不过和前两个符号不同,这是因为这两个音标代表的音同时有两个发音部位。为了避免让大家以为它们都可以同时代表两个不同的音,它们列入偏后部位的格子里时都加了括号。但是这样处理不够明确,不但容易让人误会,而且同时放入双唇无擦通音的格子里,反而显得好像不可能出现的单纯双唇无擦通音了。

其次,这个表的编排方式没有体现音标所代表音的清浊特征。只有成对出现音标的格子里,才固定按左清右浊的方式排列。而其他音标有的居中,有的左对齐,有的右对齐。单从音标的位置是无法判断它的清浊的。

再次,行与行的上下顺序有点错乱。本身这个表格应该是按照人发音器官的相对位置来排列的,但是实际我们可以看到边通音和边擦音都位于滚音闪音上面,而闪音下面却又一次出现了擦音。所以它们的上下位置排列顺序,似乎并不是依据某种语音学原则,也完全不能体现出不同音类阻碍程度的大小关系。

而纵列的排列顺序倒是基本按照发音部位的自然顺序排列了,还算合理。但"腭龈音"的位置不大合理。因为按今天的术语来说,它实际就是"后齿龈";而位于它左边的"卷舌音"其被动部位大致是在"前硬腭"。由于纵列顺序自左至右对应发音部位是从外到里,所以这两类音的位置应该对调一下才合适。

除了这张国际音标表本身还存在很多需要改进的地方外,国内学界对于其中相关术语的翻译,又带来了新的问题。国际音标名称的翻译可能由国内学界继承了20世纪20年代翻译时定的一些中文译名。当时国际音标表还没全面改成被动部位命名(曹文,2012),因此当时翻译的中文术语自然也相当程度用了主动发音部位。但是当国际音标表全面改名后,我们的术语没有随之更新。于是就造成了音标发音部位的翻译,明明国际通行术语是被动部位的,但对应的翻译却成了双唇、唇齿、齿间、舌尖前、舌尖后、舌叶、舌面前、舌面中、舌面后(也有翻译成"舌根")、小舌、咽(也有翻译成"喉壁")、喉。

一般认为这些中文译名是用主动发音部位来命名的。不过这种说法并不准确。这一套命名术语其实可以分成三类。第一类采用的双名命名法,包括双唇和唇齿;第二类采用被动部位命名,包括小舌、咽、喉;而剩余的这些术语才看似是采用的主动发音命名。如前所述,发音需要主动发音部位和被动发音部位两部分配合才能实现,最理想的命名方式当然应该同时兼顾主被动两个方面。由于舌头处在自然放松状态的时候,主动和被动部位之间有一一对应的关系,所以一个音无论单用主动发音还是单用被动发音来命名,看似都具有合理性。但是问题在于主动发音部位可以前后移动，本身形状还可以改变。这样带来的结果就是实际发音的时候，不见得一定要对应的主被动部位配合，完全可以出现错位的配合。所以更合理的做法实际上是主被动两部分都放在命名中才合适。从理论上来说，单用一个方面来命名都会有缺陷。不过如果细究国内的命名，其实一定程度上也考虑到了被动发音部位。比如以舌尖音为例，国内用表一般都区分舌尖前和舌尖后两个大类，也有很多教材还会分成舌尖前、舌尖中（把表 1-4 中除擦音和塞擦音以外的舌尖音另列为舌尖中）和舌尖后三类音。不论两分还是三分，问题在于舌尖理论上只是个点，它又如何能分出前、中、后三个部位来呢？罗常培、王均(1981)的描述是这样的："舌尖前音：闭塞时舌尖贴上齿背，擦音舌抵下齿背；舌尖中：舌头平伸，舌尖与上齿龈；舌尖后：舌头上翘，舌尖向硬腭前靠。"所以这里的前、中、后并非指的是舌尖本身的前后，而是舌尖指向目标的前后关系。按相同的理解方式，其实"舌面前、舌面中和舌面后"中的"前、中、后"也应该看作舌面靠向目标位置的前后，只不过正好也分别主要使用了舌面的"前舌面、中舌面、后舌面"而已。因此在传统发音部位的命名中，除了舌叶、小舌、咽、喉这几个部位之外，剩余部位的命名方式其实还都是采用双名命名。

但是，用了双名命名法不代表它就更合理。比如其中关于舌尖前音的解释，是认为在这类音中发擦音和塞音时舌尖的位置并不相同，前者抵下齿，后者抵上齿。首先这个说法本身并不准确，周殿福、苏晓青(1983)就指出[s]成阻的方式可以是舌尖上齿背或者舌尖下齿背，两种办法发出来的声音在音色上没有什么区别。也就是说其实不存在塞音和擦音方式不同的问题。Dart(1998)对英法两种语言中的[s]的研究结果也能支持周殿福的这种说法。而接下来的问题是，所谓阻碍位置是指气流通道上最狭窄的位置。对于"舌尖－上齿背"来说，确实还在气流通道上；而"舌尖－下齿背"不是气流通道，因为那里没有出口。按周殿福的分析，其实是"用舌面最前部跟上齿背抵着"。换而言之，这种发音动作形成阻碍的主动部位实际是舌叶而非舌尖。这样问题就来了,既然舌叶是主动发音部位,那么还能称之为"舌尖前音"吗?

除了这个问题外,上述描写体系还把主被动部位的配合关系限制得过分死板。上一节我们就提到,主被动发音器官既可以形成"中性调音",也可以形成"错位调音"。比如舌尖固然可以和齿、齿龈或者后龈配合(即舌尖前、舌尖中、舌尖后),但舌叶也可以分别与这几个部位配合,只是传统术语中并没有"舌叶前、舌叶中、舌叶后"这样的术语来描写它们。

因此,国内通行的国际音标体系,不但编排方式上存在很多问题,在术语命名方面也存在相当的欠缺。总体来说,这套体系背后的理论框架已经远远落后于时代,没能吸收语音学最近几十年的研究成果,也不足以描写丰富的语音事实,很有改革的必要。

1.3 元音表的问题

除了辅音的三个表以外,国际音标还有元音表、附加符号表和超音段符号表几个部分。其中元音表以图的形式列出。图1-3-1是2015年版国际音标的元音图,图1-3-2是国内很多教材采用的元音图。

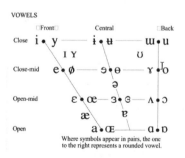

图1-3-1 2015年版国际音标元音图

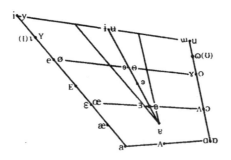

图1-3-2 国内很多教材采用的元音图

我们可以看到两张元音图的总体形式,包括其中的符号形式和排列方式都不像辅音主表差别那么大。主要差别如下:一个是图1-3-2多了几个音标。其中[ᴇ]和[ᴀ]是中国语音学家比较常用的音标符号,但国际音标表没有收录;[ɩ]和[ω]现在已经被[ɪ]和[ʊ]代替了,不再使用。另一个更明显的差别是两边的四边形的形状不同。2015年版元音图,相同高度特征的元音都是在同一水平线上的,而后元音也排在同一垂线上,所以这张元音图的形状呈现为一个梯形。而国内常见的元音图往往前元音的高度差异大于后元音之间的高度差异,所以相同高度的元音没有排在同一水平线上,整个元音图的形状成了一个不规则的四边形。

图1-3-2的排列方式是基于通常所谓的舌面最高点来定义元音位置的。如图1-3-3所示,这种舌面最高点的位置最初并非通过实验测量得到,而是语音学家通过自己主观想象出来的。而后来的发音实验(如Ladefoged,1967)却发现,虽然多数元音的舌面最高点跟这个想象位置差别不大,但是也有一些元音实验测量到的舌面高点高低关系与理论上彼此的高低关系并不一致。另外,从发音声学关系来看,决定元音音色的主要是声道的收紧点位置,而这个位置并不总是舌面最高点。所以,用舌面最高点来描述元音特征并不非常合用。

不过声学参数测量实验倒是发现,元音共振峰(Formant)和语

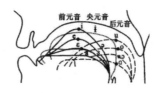

1-3-3 元音发音舌位图

音学家之前猜测的前后高低关系倒是有密切的关系。共振峰是元音最重要的声学特征。其中承载语言学信息最多的,主要是前两个共振峰。非常有意思的是,前两个共振峰的位置与之前的元音舌位高低描写有非常密切的关系。大致上来说,第一共振峰越高,对应的元音就越低;第二共振峰越高,对应的元音就越前。所以如果用这两个共振峰数值分别作为纵横坐标值,画出的声学元音图正好跟传统的元音舌位描写非常相似。换而言之,所谓的舌位高低,实际上一定程度上是对共振峰感知的结果。

现在语音学在描述元音特征的时候,更倾向于把所谓的前后高低作为抽象的语音特征,而不再认为是实际的舌位特征。也正是这个原因,元音图制作的时候也就不考虑各个元音的真实舌位关系,相同高度的元音自然就排在同一水平线上了。

剩下的附加符号表和超音段符号表,这几个子表国内的版本和国际上差异不是很大,在此不多赘述。

1.4 如何看待国际音标

国际音标从最早发表到今天已经 130 多年了,中间经过了很多次修订。每次修订都是有现实语音分析基础的,并经过很多语音学家讨论后才正式发布。采纳最近版本的国际音标,一定程度上就是吸收国际语音学研究的最新成果。

不过音标的使用毕竟只是语音学的一小部分内容,音标的制定也不完全是学术问题。虽然最新版国际音标已经在很大程度上对以前国际音标存在的问题做了修正,其分析框架能够相对清晰合理地分析语音,但是并不能说这个体系已经非常完备了。事实上还是有一些语音参数没能包含在这个框架中。尤其是作为主动发音器官主体的舌头,它本身的一些造型和动作同样会影响最后形成的语音(如 Laver,1992:140-143),现有国际音标体系还并不能很好地容纳这些内容。

比如国际音标辅音表发音部位栏中有一格名为"卷舌",我们在前文也指出这个名称是发音部位中唯一以发音姿态而非被动部位命名的,严格按照发音部位描述其实就是下舌叶与前硬腭配合形成阻碍,但是这种配合已经超出一般主被动部位的配合方式。因为通常的配合,都是主动部位简单向上靠近被动部位,形成阻碍的位置主被动部位距离最近,离阻碍位置越远,相应地主被动距离也越大。卷舌动作造成的结果是舌尖后面的舌体下陷,反而成为主被动距离最远的位置之一,舌尖前下部同时出现一个空腔。所以造成这种发音动作产生的声音音色非常特殊,因为舌头前部的调节非常灵活,不但本身可以弯曲,还可以收缩或者整体后移。所以也可以通过舌头前部隆起,把舌尖后缩入舌体等方式扩大口腔前腔的容积。其声学结果与真正的卷舌音也是比较接近的。传统国际音标本来是有卷舌(Retroflex)的附加符号的,但是后来符号虽然没变,名称却改成了R音化(Rhotacized)。就是为了描写这类听上去像卷舌,但实际发音并不卷舌的声音。像这类发音动作并不是前面几个调音参数可以涵盖的。

再比如舌体中线高于还是低于舌体边缘,也会影响发音的结果。比如在[s]这类音中,往往会出现一个所谓的舌叶凹槽。这个凹槽的主要作用是可以加速其中的空气流,并把气流导向齿背。但是也存在没有凹槽的齿龈擦音。

弹性部位的颤音、闪音、拍音在前文我们放在了塞音的子类中,认为颤音可以看作连续多次的阻塞,闪音和拍音是不能持久的塞音。这样的处理其实只是为了适应这个分析框架而做的权宜之计。因为这几种类型本身都是独立的调音方式，从空气动力角度来说，塞音和擦音乃至近音都是可以出现这样的动态动作的。但是国际音标表中只在塞音类中列出了这些动态特征。

事实上从《国际语音学会手册》的实例部分可以看出，相同的音标符号在不同语言描写实践中，其代表的音值还是有差异的。而国际音标的使用，只是为了讨论方便而已。每个音标实际并不存在标准音，通过这个音标只是可以大致指示出这个音在语音系统中的位置，而不是精准描写相关音素的所有重要特征。

我们认为 Ladefoged(1990)对国际音标的评论是比较合理的，就是把每个音素都理解成一组语音特征的聚合，而音标本身是在描写时可以快速方便显示这些特征的一个速记书写形式。

所以，一方面我们要掌握现在的国际音标描写体系，同时也没必要把国际音标的学习抬到一个过高的地位。因为在实验手段高度发达的今天，如何用音标来精确描写语音早已不是语音学的研究目的了。真正精确的描写，就必然需要借助各种实验手段来获得发音、声学和感知等参数，而不是在音标使用上过多地纠缠。或者说，当代的语音学和实验语音学已经是同义词了。

本书的目的，就是让读者通过一些实验手段来初步掌握这些声音的常见自然特征。当然，本书只是一本入门教材，涉及的物理参数都只是目前学界使用最广泛的参数，但并不一定足以描写所有语言中出现的每个声音。有很多现象还有待于我们今后更深入的调查来解答。

第 2 章　Praat 简介与声学、数字信号处理

本章将结合声学理论初步介绍 Praat 的一些基本功能。

2.1　Praat 的界面和基本操作

由于 Praat 的界面跟很多常用软件差别比较大，初学者不容易上手，为了后面使用方便，我们先介绍一下 Praat 的界面和基本操作。

在 Praat 主页，根据自己的操作系统，下载合适版本的软件。一般下载下来的就是一个 Zip 文件。为了后期管理方便，建议在 D 盘之类的位置先建立一个 Praat 的专用文件夹，解压到这个文件夹中。Zip 文件解压出来就是一个可执行的文件，直接可以使用。Praat 软件的早期图标如图左，现在更新如图右，两个都是嘴巴与耳朵的组合（图 2-1-1）。

图 2-1-1　Praat 程序图标

点击 Praat 程序图标后会跳出两个窗口，分别是对象（Object）窗口和绘图（Picture）窗口（图 2-1-2）。对象窗口是 Praat 程序的主程序窗口，我们大部分操作都是以这个窗口为起点完成的。绘图窗口要到需要绘制相关各类语音图的时候才会用到，可以先不管，直接关掉。我们先主要介绍对象窗口。

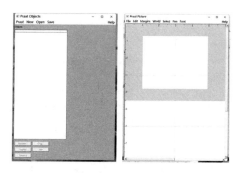

图 2-1-2　Praat 程序的对象窗口和绘图窗口

对象窗口可以分成四个区域：A 为菜单区，B 为对象列表区，C 为活动按钮区，D 为固定按钮区（图 2-1-3）。

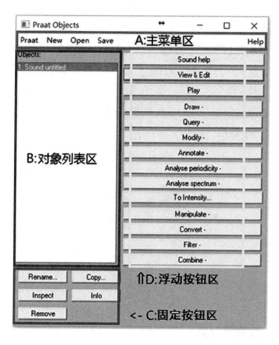

图 2-1-3　Praat 对象窗口的结构（熊子瑜，2004）

菜单区跟很多软件一样,点击后会出现常用功能的相关菜单,比如打开、保存、帮助等。列表区用于存放各类可以操作的数据对象。在 Praat 中,凡是存储有数据的都可以以对象形式出现在对象窗口,常见的对象包括 Sound 对象(声音)、Pitch 对象(音高)、PitchTier 对象(音高层)、Formant 对象(共振峰)、TextGrid 对象(标注)、Table 对象(数据表)等。在刚启动 Praat 的时候,这个区是一片空白的。读入或者生成对象后,对象会按先后顺序从上往下排列。比如我们可以点击菜单"Open>Read from file…"①,在跳出的对话框中选择一个声音文件。Praat 支持的音频格式很多,常见的有 Wav、Aiff 等格式,像 Mp3 之类的格式现在也能支持,但是一般语音分析我们尽量不用有损压缩格式。Windows 系统中比较常用的是 Wav 格式。不过需要注意一下,其实以 Wav 为扩展名的音频文件也有很多格式。这里一定需要是 Windows PCM 编码格式的。如果使用其他录音软件录音的时候要注意一下这个问题。

  点击"打开"后,对象列表区就多出来一个 Sound 对象(图 2-1-4)。需要注意的是,这个 Sound 对象虽然读取自硬盘文件,但它已经是声波曲线数据存在 Praat 内存里的一个对象,与存储在硬盘上的 Wav 文件不是一回事。对 Sound 对象的任何操作或者修改,也都不会影响到硬盘上的 Wav 文件本身。如果要把相关修改保存下来,须使用菜单中的保存命令。

  我们可以看到列表区中的对象显示为"4. Sound 0001"(图 2-1-4)。显示的这串字符可以分成三个部分,中间有空格分开。第一个数字表示在列表中出现的顺序。因为我们之前曾经读入过 3 个对象又移除了,所以这里的序号为 4。这个序号具有唯一性,由 Praat 从开始运行起自动编号,除非把 Praat 关闭后重新打开。否则这个序号是不会改变的。第二部分是"Sound",表示对象的属性,这个同

---

① 根据一般软件制作惯例,命令后面出现"…"代表点击后不是直接运行命令,而是先出现一个对话框。

样不可修改。第三部分是"0001",这是对象的名称。在读取文件时,默认就以文件名作为对象名。对象名是可以修改的。我们可以继续采用相同的办法,读入其他不同类型的对象。如图2-1-5,我们分别又读入了一个声音文件,一个 Pitch 文件和一个标注文件。在列表中分别显示为 Sound 对象、Pitch 对象和 TextGrid 对象。

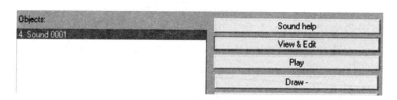

图 2-1-4 Praat 对象的显示方式(1)

图 2-1-5 Praat 对象的显示方式(2)

当列表中有多个对象时,我们可以用鼠标左键点击选择。列表的对象除了可以单选,还可以多选。如果要选择的几个对象是连续紧挨的,用鼠标拖动即可。或者也可以先点击最上面一个,然后按住 Shift 键,再点击最下面的对象(图2-1-6)。如果对象没有紧挨在一起,则可以通过按住 Ctrl 不放,连续单击相应的对象就可以完成(图2-1-7)。

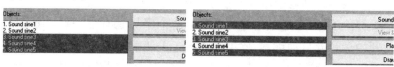

图 2-1-6 多选对象(1)　　　　图 2-1-7 多选对象(2)

当列表中没有对象的时候,C 区没有任何东西显示。而读入文件或者鼠标点击对象后,C 区就出现了一列按钮。随着选择对象变化,按钮也相应发生变化。因为 Praat 会自动根据选择对象,显示与之相关的按钮,隐藏无关的按钮。我们把这个区称为"活动按钮区"。这部分按钮如何使用,我们会在相关部分详细介绍。

最下面的 D 区跟 C 区不同,按钮是一直不变的。在选择对象时字体变黑色,没有对象被选中的时候字体变灰色(图 2-1-8)。这几个按钮负责五个常用功能。

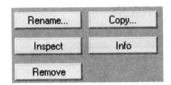 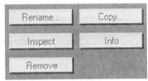

图 2-1-8 对象窗口下方的固定按钮

如图 2-1-8,这几个按钮的功能分别是改名、复制、查看、信息和移除。"Rename..."用来给对象改名。尤其是如果列表中出现同名对象,利用改名功能不容易混淆。"Copy..."可以复制对象,在列表中增加一个同名的对象。比如,想要修改对象但又不想影响原对象,就可以先用这个复制功能得到一个新对象,然后再用改名功能以区别原对象。Remove 按钮则是从列表中移除对象。这三个按钮是比较常用的。

剩下还有两个按钮,一般很少使用。Inspect 是用来进一步打开对象,查看对象内部的具体数据和结构情况。点击这个按钮会出现一个窗口,直接显示对象的数据。我们也可以直接在这个窗口里对里面的每一个数据进行修改。在活动按钮区有更方便的修改功能,只是我们很少用这个按钮来修改数据。Info 用来查看对象的一些概要信息。同样在活动按钮区中有更方便的命令。我们将在需要使用的时候进一步介绍。

回到活动按钮区。其中最常用的按钮是"View & Edit"(早期版本中为 Edit)。大部分对象选中后都会显示这个按钮。点击之后就会打开相应对象的编辑器。比如我们现在选中的是 Sound 对象,点击"View & Edit"就打开如图 2-1-9 这样的 Sound 编辑器。

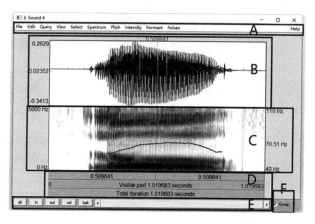

图 2-1-9 编辑窗口的布局（熊子瑜，2004）

  Sound 编辑器也可以分成几个部分。A 区是菜单区，大部分编辑器的功能都可以在菜单里找到。菜单的前面几项如 File、Edit、Query，功能跟很多常用软件的类似项目差不多。比如在 Edit 菜单中有 Copy、Cut、Paste 等菜单项。使用方法跟常见文本编辑软件一样，可以用来复制、剪切、拼接声波。在 Query 菜单中有 Get cursor、Get amplitude(s) 等菜单项，可以用来查询当前的光标时间位置、声波振幅值等。如果使用 Query 功能，就会跳出一个新的窗口，查询到的结果显示在里面。这个窗口叫做 Info 窗口（信息窗口，如图 2-1-10）。显示在里面的结果都是可以以文本形式复制出来使用的。View、Select 两项主要用来控制视图显示和光标选择，很多功能跟下面几个区的功能是一样的。而从 Spectrum 开始的一些项目都是跟语音参数测量有关了，这些项目的具体使用方法我们会在后文相关部分介绍。

  B 区是波形区，显示声音的波形。横轴是时间，纵轴是振幅。在这个区域中用鼠标点击，就可以把光标（红色虚线，请同时参看软件）移到相应位置。同时在 B 区顶端显示光标位置的时间值，左侧显示的数字是光标与波形相交那个点的振幅值。在 B 区还可以用拖动鼠标的方法来选择一段声波。这几个功能也可以通过 A 区 Select 菜

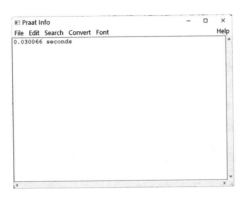

图 2-1-10 Praat 的 Info 窗口

单下的菜单项来实现。另外 A 区 Pulses 菜单如果设置了显示周期标记,这个标记就会叠加显示在波形上。

C 区是声学参数区,可以显示语图、音高、音强等不同的声学参数。具体显示哪些参数,可以通过点击 A 区"View>Show analyses…",或者点击从 Spectrum 到 Formants 这几个菜单里相应的菜单项来控制。C 区也可以用鼠标来控制光标,操作和 B 区一样,两个区的光标是联动的。

D 区是几条横杠。横杠其实都是对应声波的一部分,上面的数字都是对应声波的时长,点击后还会播放对应的声波。最上面一条横杠总是与上面的 B、C 两区等宽,对应了窗口中的声波。当光标在 B、C 区中间的时候,这条横杠会分割成两段,同时显示两部分的时长。如果光标变成选择一段波形时,横杠就会变成三段,同样分别显示每段的时长。当鼠标点击任意一段时,都会播放对应的那一小段声波。中间的横杠也对应了窗口中的声波,但它不会随着光标移动而分段。如果窗口中只是显示声波的一部分,就会根据显示情况,在中间横杠的外侧或者两侧显示出横杠。这些横杠都是对应相应位置没显示出来的声波部分,同样可以点击后播放。最下面的横杠对应整体声波,其长度取决于窗口长度。如果窗口显示了整体声波,横杠就跟窗口等宽。

E区是横轴显示控制区。右边的拖条功能就是拖动声波,跟常见软件一样。左侧的一组按钮分别对应了 A 区 View 菜单下的 Show all、Zoom in、Zoom out、Zoom to selection、Zoom back 这几个菜单项。

F区只有一个单选框,用于多个数据窗口的时间同步显示。如果打开的数据对象时长相同,Group 则会默认都打勾。也可以手动把几个窗口的 Group 都打上勾。这样就可以把这几个窗口强行同步显示。比如我们同时打开一个 Sound 编辑窗口和 PitchTier 编辑窗口(图 2-1-11),当 Group 都打勾了,任意一个窗口放大缩小,另一个窗口都会同步放大缩小。

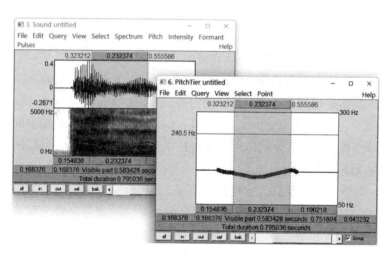

图 2-1-11　窗口同步

2.2　声学基础

所谓声波是一种振动模式。我们以最简单的声学仪器音叉为例。我们可以想象在音叉周围有无数的空气粒子。当音叉静止又没有外界扰动的时候,可以认为这些空气粒子是均匀分布的,彼此之间的距离基本相等。或者换个角度说,空气粒子之间的斥力达到一个平衡状态,所以不同位置的气压都是相等的。为了让问题简化,我们暂时先考虑音叉的一个方向,比如它的正右边,如图2-2-1所示。

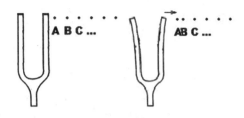

图2-2-1　音叉振动影响空气粒子的示意图

每个黑点都代表一个粒子(根据离音叉远近,我们可以暂时把它们命名为ABC...),这些粒子是等距的。当音叉被敲击后,音叉就会发生弹性形变,来回往复振动。我们可以想象,音叉每一次振动,其实就相当于敲击了旁边的空气粒子A一下。粒子A被敲击后,就会发生位移而靠近它临近的粒子B,这就打破了原来A和B这两个粒子间的平衡状态。粒子距离越近,它们之间的斥力就越大(或者说该区域的气压增加)。当斥力达到一定程度,就又会让两个粒子彼此弹开,距离越远气压也就越低。于是粒子B就会离开原来的平衡位置去靠近粒子C。然后这两个粒子又会继续之前A、B之间的过程。这样不断传递,粒子之间的靠近方式就传播向远方。而每个粒子被斥力弹回去的时候,由于惯性,不会回到平衡位置就停止,还会继续运动,直到被另一侧的粒子弹回。音叉不停振动,这样也就不断把它的振动施加在周围粒子上。所以,粒子就会不断重复之前的摆动。在这个过程中,每个粒子其实就像一个钟摆一样在一个很小范围来回摆动,并没有位移很远,但是音叉的振动方式就会传播向远方。随着振动不断持续,音叉周围的空气粒子与音叉距离的远近,呈现出疏密相间的分布模式。因此,声波是一种疏密波。

当然,实际音叉的振动是向四面八方传递,但各个方向传递的模式是一样的,所以最后就是以音叉为核心的以球状向外扩散。如果从气压角度来看,则是在同一个球面上的气压是一样的,如图2-

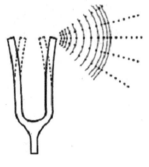

图2-2-2 声波传播示意图

2-2所示,不过示意图只能显示二维的模式,在同一圆弧上的气压相同。

要描述音叉的振动,一种方式是可以直接测量音叉顶端任意一个空气粒子的位移情况。比如图2-2-3是一个声波随着时间向外传播的示意图。假如我们只看其中固定的一个粒子,就可以看到这个粒子的位移就是在本来的平衡位置来回摆动,就跟一个钟摆一样。如果以时间轴作为横轴,这个粒子的位移程度作为纵坐标,那么它的位移在时间维度上就会构成一个上下波动的正弦曲线。

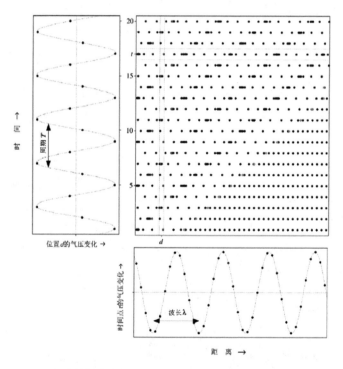

图2-2-3 声波传播中空气粒子的空间时间分布示意图(Weenink,2022)

不过位移测量很难完成。因此,更常用的是用一种间接方式:测量空气气压的分布情况。粒子位移造成互相靠近的结果就是气压升高,粒子弹开彼此分离的结果就是气压降低。所以气压值也可以反映振动的情况。从时间角度看,只看某个具体位置在时间维度上的气压变化,这样画出来的是声波的时域图(图2-2-3左);或者也可以从空间角度,只考虑某个时刻在某个空间维度上气压的分布,这样画出来的是声波的空域图(图2-2-3下)。这两种方式画出来的波形差不多,也都是正弦曲线,只是时间起点的振动状态在空间上正好传到最远端,所以两个波看上去正好左右颠倒。在这两个波形图上,有几个重要参数经常需要测量。一个是正弦曲线偏离中心零值线最远的距离,或者说波形上波动的最大值,我们称为"振幅 Amplitude"。第二个是正弦曲线的波动模式是不断重复的,在波形上任意一个位置到下一次重复出现的距离。在时域图上这个距离称为"周期 T",它的单位是时间长度(在语音学中一般用"秒 s"或者"毫秒 ms"作为单位);在空域图上,这个距离称为"波长 λ",它的单位是空间长度(在语音学中一般用"厘米 cm"作为单位)。而在单位时间(在语音学中一般为1s)内重复模式的次数(即振动次数)称为"频率 f",它的单位是次数每秒(称为"赫兹 Hz")。因此频率和周期在数值上是倒数关系:

$$f = 1/T$$

又因为在一般情况下,声音的速度(c)可以认为是个常数(语音学中常用350 m/s这个数值),所以波长、频率和声速之间存在以下关系:

$$\lambda = c/f$$

在语音学研究中,我们主要使用声波的时域图。这种波形为正弦曲线的声音是最简单的声音,叫"纯音",也可以叫"正弦波"。它的振幅变化和时间的关系可以用正弦函数来表达:

$$P(t) = A \cdot \sin(2\pi \cdot f \cdot t)$$

其中 A 代表振幅,f 是频率,t 是时间。比如图2-2-4列出了三个不同频率,振幅均为1的正弦波。

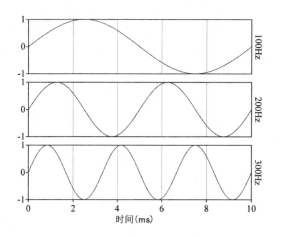

图 2-2-4 三个纯音的波形

声音波动的声压是叠加在大气压之上的,但相比较于大气静压强,声压的幅值波动非常小。如大气静压强为 $1.01325×10^5 Pa$,而人耳可听的声压的幅值波动区间只有 $20\mu Pa\sim 20Pa$。

录音的话筒,本质上是一个压强测量仪。录音过程实际上就是一个把气压变化数据不断转化成电压变化记录下来的过程。这是一个没有经过校准的测量仪,每次录音还可能根据实际情况调整录音音量,所以不同时间的录音压强数值是没办法直接比较的。但是在同一次录音中,只要中途没有重新调整录音音量,其中压强数值的相对关系是有意义的。

Praat 可以直接生成声音。我们可以先用 Praat 生成纯音。生成纯音有两种办法。方法 1 是点击"New＞Sound＞Create Sound as pure tone...",跳出对话框如图 2-2-5。对话框中的输入栏分别需要输入"声音对象名称、声道(1 为单声道,2 为双声道)、开始时间、结束时间、采样频率、纯音频率、振幅、淡入时长、淡出时长"。采样频率我们到下一节再讲,这里可以不改。其他几个文本框内容应该都是很容易理解的。我们只要修改纯音频率一项就可以得到我们需要的纯音。另外,淡入、淡出两个参数主要是让声音的开始和结尾有个渐强渐弱的变化。如果不需要这样的效果，但软件强制要求这两个数字不能为0，我们可以改成一个很小的数字，比如为0.0001。

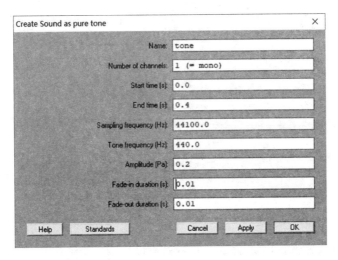

图2-2-5　创建纯音

点击OK键后，在对象列表区就会出现一个新的声音对象。用Edit打开看到的情况就应该跟我们前文正弦波图差不多。我们可以实验合成几个不同频率的纯音。

方法2是点击"New＞Sound＞Create Sound from formula…"，跳出的对话框如图2-2-6。对话框中需要输入"声音对象名称、声道（1为单声道，2为双声道）、开始时间、结束时间、采样频率、合成公式"。方法2不仅可以合成纯音，只要在公式栏里输入合适的公式就可以合成各种类型的声音。要合成纯音只要填入一个正弦公式就可以了。

对话框中，默认的公式是"1/2* sin(2* pi* 377* x) + randomGauss(0,0.1)"。这个公式分成了两个部分，在加号前面的部分就是我们前面的那个纯音的正弦公式。其中1/2是振幅，2 * pi 就是 2π（pi是Praat内置的一个常数，代表 π），x是时间值，而377就是频率377Hz。我们一般需要修改的就是振幅值和频率值。加号后面生成随机噪音的函数，跟前面相加的结果就是纯音上叠加噪音。这部分

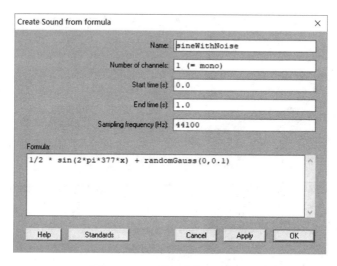

图 2-2-6　利用公式创建纯音

我们可以先不管,直接删除。这样就可以生成一个纯音了。

除了纯音以外,还有复合波。所谓复合波就是由若干纯音组成的声音。

2.3　数字信号处理基础

声音是一种机械波,或者说是从声源向四周发散传播的气压变化模式。我们可以通过记录气压变化的方式来记录声音。这种电压信号本身是连续变化的,但是电脑只能用离散的二进制数字来表示。要记录一段声波,一般采用的办法就是随着时间变化连续记录很多个振幅数据。所谓的采样频率就是指在单位时间(一般是 1s)内,连续测量或者记录了多少个数据,单位是 Hz。比如采样频率是 1000Hz,就是说在 1s 内连续采集了 1000 个数据,或者说每隔 1ms 就采集一个数据。

一条连续变化的声波曲线,实际记录在电脑里的样子就是如图 2-3-1 那样,其实就是一串沿着时间轴的数字。我们可以想象,只要数字足够密集,那么所有点的连线也就越接近原始的声波。所以这个参数实际跟数码照片情况相似,数码照片一般是像素越高越好,录音的采样频率,也是越大越好。但是太大的话,必然会导致声音文件变得很大,尤其早期电脑容量还比较小的时候,这个问题尤为突出。而且声音文件越大,在后期参数提取等方面处理速度也越慢。

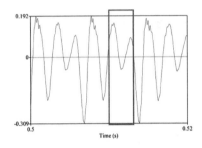 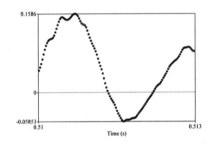

图 2-3-1　波形与采样结果

我们需要根据研究的需要来确定一个比较合适的采样频率。就语言本身来说,或者说承载语言学信息的频率范围并不是很宽。承载辅音信息的频率范围最宽,上限大致要到 10000Hz。这样采样频率可能需要选择 20000Hz。如果要研究元音,元音的主要信息主要在 5000Hz 以下,那么采样频率用 10000Hz。而要进行声调研究,声调的音高信息大多在 500Hz 以下,其实 1000Hz 的采样频率也可以。不过这么低的采样率就听不大清楚录音是什么了,所以就用 8000Hz 或者 10000Hz 的采样频率。一些早期的录音往往是这样设置的。由于现在计算机存储空间远比以前要大得多,所以我们已经没必要再卡着需求来设置采样率了。一般我们现在建议用 44100Hz 的采样频率。44100Hz 就是所谓的 CD 音质。这个数字是依据人耳的听觉范围来制定的。我们人耳能听到的频率范围大约为 20～20000Hz,采样率必须是最大频率的 2 倍(这个是信号处理里的奈奎斯特采样定理),再综合考虑当时磁带制式的一些问题,就定为这个数字。

除了采样率之外,还有声道和采样精度(位深)。常见的声音文件往往是单声道(Mono)或者双声道(Stereo 立体声)。采样精度是指用多大的数字范围来记录声波的振幅。数字范围越大,记录的声音质量就越好。早期由于存储空间限制,用 $2^8 = 256$ 个数字来记录振幅范围,我们称为 8bit 音频。这种声音听上去往往电子声的感觉非常明显。

现在语音分析用的声音文件一般采样精度都是 16bit,也就是说用 $2^{16} = 65536$ 个数字来表示振幅范围。虽然有一些录音软件是可以调整成 8bit 或者 24bit 等其他位深,但是 Praat 默认采用的就是 16bit,无法调整。

在 Praat 对象窗口中,我们可以依次点击菜单"New>Record mono Sound..."或者用快捷键"Ctrl+R"(在菜单命令后有提示①,后文不再赘述)来录制。

点击后会出现如图 2-3-2 左侧这样的对话框:

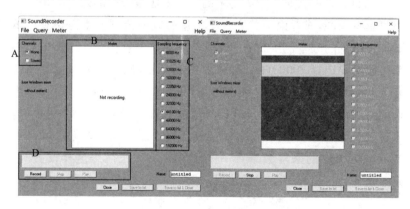

图 2-3-2　Praat 的录音界面

---

① Praat 很多菜单命令都有快捷键。如果需要对大量语音数据进行处理,建议多用快捷键命令。

对话框菜单栏里的功能我们一般不使用,这里就不介绍了。我们需要调节的是 Praat 的录音界面窗口的一些设置。窗口也可以分成几个区域。左上角显示的是声道设置。我们一般语音录音只需要单声道,因此我们选择的是"Mono sound"。如果想要录制双声道,在这个窗口是不能修改的。只能在对象窗口菜单里面点击"New＞Record stereo Sound…"实现。出现的对话框与单声道的基本一样,只是 A 区单选框成了 Stereo。B 区为音量计量表,会实时显示当前的录音音量。没录音的时候,计量表中是空白的。开始录音后,表中会有颜色条随着录音音量的大小而上下跳动。在音量比较小的时候,色条是绿色的。当音量超过差不多量表的四分之三高度时,色条上端就会变成黄色。而如果音量变得更大,色条顶端就会变成红色。如果录音中经常出现红色,那这个录音往往是不合格的。我们录音的时候尽量让声音音量在绿色范围内,如果出现黄色,就需要小心了。录音音量也不能太小,否则对我们提取声音参数不利。一般来说,录音音量保持在量表二分之一以上,偶尔出现黄色色条是比较理想的。

C 区是选择采样频率(Sampling Frequency)。我们一般采用默认的采样频率 44100Hz。

D 区的横条是录音进度条,用来显示录音的时长。点击下面的 Record 键后,进度条左侧就开始显示蓝色,蓝色不断延长,到接近右边界就必须停止,否则录音会溢出。所以用 Praat 录音尽量不要一次录制太长时间。如果录音很长,就得分段录制。再右边的文本框是用来填写录制后的 Sound 对象名。当录制完成后点击下方的"Save to list"或者"Save to list & Close",对象窗口的对象列表区就会出现一个该名称的声音对象。

然后我们就可以点击"Save＞Save as Wav file…",把 Sound 对象保存下来。保存的声音文件格式采用非压缩格式的 Windows PCM 的 Wav 格式。大致来说,用单通道采样频率为 22050Hz 来录制一段 1min 的声音,其 Wav 文件的大小差不多为 2.5M。如果用双声道或者 44100Hz 的采样频率,则声音文件大小翻倍。

对于语音分析来说单声道已经足够了，所以我们一般分析用的声音文件都是单声道的。但是在录音的时候，如果手头有左右声道分别可以外接一个话筒的录音设备，建议可以先用双声道录音。在分析的时候可以用 Praat 提取其中一个声道，另一个声道作为备份。声音文件的采样率在录制完成后还是可以修改的。在 Praat 中有两个途径可以修改这个参数。但是两者的作用是不同的。

第一个途径是"Modify＞Override sampling frequency..."。为了方便比较，我们可以先把样例对象复制一份，再利用这个功能。比如我们把本来的 44100Hz 改成 22050Hz，点击确定后，我们会发现似乎并没有什么变化。

点击"View ＆ Edit"分别打开这两个声音对象。从波形上看似乎也没有什么区别（图 2-3-3）。点击"Query＞Query time sampling＞Get sampling frequency"，会发现两者的采样频率已经变得不同了。实际仔细比较两个 Sound 编辑窗口，发现两者的时长是不同的（图 2-3-3）。

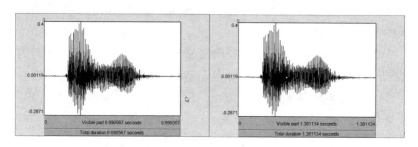

图 2-3-3　声音修改前后的波形比较

因为像 Wav 之类的数据文件，在文件开始部分不是先直接记录声音数据，而是有一段文件头记录采样频率和声道等基本信息。而这个功能修改的是声音文件的文件头中的采样频率信息，后面的数据部分并没有任何修改。这样的结果就是文件中本来有多少个数据点，现在还是有多少。采样频率变了，结果就是原来是 44100 个点为一分钟，现在只要 22050 个点就有一分钟了。这就是为什么声音的时长会增加一倍。但是这样处理的结果也就相当于把所有频率成分都降了一半。可以想象一下,本来一条1s的100Hz正弦波,现在变成2s了,自然它的频率就会变成50Hz。所以这样处理的声音听起来会跟原来差别很大,完全不像同一个人说的。这个其实就跟有些音频播放软件调节播放速度是一个道理。

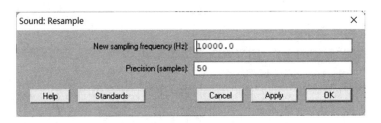

图2-3-4 重新采样对话框

不过这种修改采样率对一般的语音研究没太大作用,因为其实是把声音扭曲了,我们也就无法提取需要的参数了。所以修改采样率经常用另一种方法,点击"Convert＞Resample…"按钮后会跳出一个对话框(图2-3-4)。我们只需要修改上面的采样频率就可以,比如改成10000Hz。点击OK后,在主窗口对象列表中就产生了一个新的声音对象。这个对象的名字就是以基础对象加上修改的采样频率构成。比如我们的基础对象名字是"多",新生成的对象名称就是"多_10000"。点击Info按钮后,我们可以看到新对象不但采样频率改变了,样点数量也一样改变了。打开这个声音对象,进入编辑窗口。我们可以发现波形下面的语图发生了改变。前文提到44100Hz的采样可以看到20000Hz以内的情况。我们设置的频率显示范围是0～10000Hz。所以刚才那个声音对象整个频率范围都有显示,而新的声音对象在5000Hz以上的高频部分完全变成了空白。但听起来这个声音和原始的声音并没有明显的区别。

所以第2种改变采样频率的方式本身不改变声音的音质,如果降采样(Downsampling)只是把一些频率成分去掉,那么这种改变采样频率的方式有什么好处呢? 在我们的研究中,主要有这么几个作用。首先,减小文件大小可以提高参数提取的处理速度。这一点尤其在比较大规模的研究中是很有用的。其次,在批量处理声音的时候,偶尔可能出现不同来源的声音文件原始采样频率不同的问题。在有些参数提取的时候,根据不同采样率需要相应改变测量参数。重新采样后,就无需重复修改测量参数了。

事实上,后面我们讲到一些提取参数的时候,为了加快提取速度,会提前做个预处理,先把声音的采样频率做修改。只不过,这是软件在背后做的工作,用户无法直接感觉到。

当然,有了降采样,同样也可以提升采样率(过采样 Oversampling)。但是,这只是做了一个数字转换工作,对声音的实际质量并不会带来提升,一般在为了统一多个样本的采样率的时候会用到,其他时候很少会用。

2.4 声音编辑与数字滤波

此外,高采样率降采样到低采样率,通过技术处理,比直接用低采样率录制的声音质量要好。这涉及另一个采样会碰到的所谓"混叠"问题。如图 2-4-1,如果只在图中标注点采样,会在低频纯音(实线)混入高频纯音(虚线)的信息。

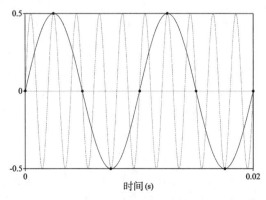

图 2-4-1 波形的混叠

在降采样之前,我们可以利用滤波功能,把高频信号先过滤掉。比如 44100Hz 录制的声音包含了 20000Hz 以内的频率信息。现在需要降到 20000Hz,就可以先用滤波的办法把 10000Hz 以上的频率成分去除。

在 Praat 中,声音对象专门有对应的滤波功能。一般滤波有所谓高通滤波、低通滤波、带通滤波,以及与之功能相反的高阻滤波、低阻滤波、带阻滤波。

Praat 主要提供了带通滤波和带阻滤波两种基本功能。我们需要过滤掉 10000Hz 以上的高频成分。考虑到语音信号基本在 20Hz 以上,我们可以用带通滤波功能。点击"Filter＞Filter（pass hann band）…",然后在跳出对话框的前两项中分别填入 20、5000。点击 OK 后出现一个新的声音对象(图 2-4-2)。

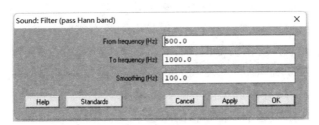

图 2-4-2 带通滤波设置窗口

我们可以在声音编辑窗口中看一下效果(图 2-4-3)。语图显示在 5000Hz 以上都变成了空白。完成滤波之后,再对这个过滤后的声音进行降采样。这样声音文件中就不会混叠 5000Hz 以上的信号了。

这样的滤波还有一个附带的好处。刚才其实同时也过滤掉了 20Hz 以下的频率成分。我们可以重新检查一下原始的声音对象。可以看到语图底部有一条从头到尾贯穿始终的黑杠。这说明有一个低频成分吗？似乎不大可能。检查一下波形图可以看到,水平中央位置有一条蓝色虚线贯穿了波形的始终。这一条线代表了零值。理

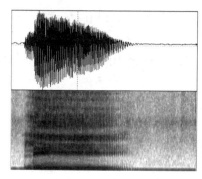 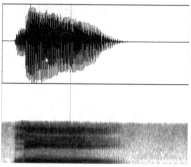

图 2-4-3 滤波前后的语图比较

论上没有声音的时候,声波就应该是一条水平的黑线,黑线跟这个蓝线合在一起。当然,实际录音时即便在语音信号两端的无声段也不可能完全没有声音,总是有各种原因造成的噪音。不过,即便有噪音也应该是围绕着蓝线上下波动,但是这个声音实际上整体已经偏离了蓝线,这就是所谓的零值偏移。很多非专业录音设备都会有这样的问题,反映到语图上,就会显示为底部的黑杠,实际上就是分析程序把这种偏离分析成了一个超低频的频率成分。通过滤波去掉低频,就可以解决这个零值偏移的问题。

不过,在非专业设备、非录音棚的条件下录音,除了零值偏移,还有一个问题很现实,很多人手头可能没有专业的录音设备,也不会去专业的录音间,这样就不可避免有一些环境噪音。这时,我们可以采用一些降噪的方法。当然,对于研究来说,我们尽量不要降噪,降噪一般都是有损的。但是噪音实在太厉害的话就没办法提取有效参数了。这时可以利用 Filter 下面 Reduce noise 功能,这个实际上是采用频谱降噪的办法,我们将在相关章节介绍它的原理。

另外,在实践过程中,我们还可能需要修改已有声音的振幅,这应该怎么操作呢?

Praat 提供了好多不同的方式来修改振幅。第一种方法是利用"Modify>Multiply…"来给声音乘以一个固定系数。点击后跳出对话框如图2-4-4：

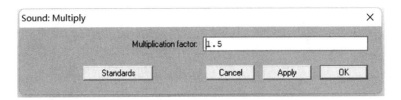

图2-4-4 改变振幅的一种方法

我们可以任意填入系数，比如1.5。运行完这个功能后，表面上看似乎什么都没发生，但是打开声音就会看到，整个声波的振幅都放大了。这个方法的缺点是如果没有预先计算好系数适用的范围，声波振幅可能会超出音频振幅的最大值。比如我们再次乘以系数8，可以看到波形放大了，但是存盘的时候就会跳出一个警告（图2-4-5），意思是有1284点已经超出振幅容许的范围，发生削波（Clip）。

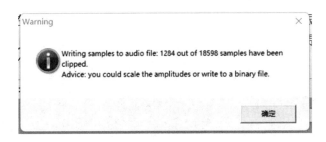

图2-4-5 削波警告提示

所谓削波，就是波峰被削平了，如图2-4-6所示。

发生削波的声音在频谱分析时容易出现很多问题，所以包括在一开始录音的时候都需要避免。要在修改振幅时避免削波，我们可以使用第二种方法，即直接指定声波的最大振幅。点击"modify＞Scale peak..."，如图2-4-7所示。

在Praat中，声波振幅的上下范围为-1到1。我们可以输入

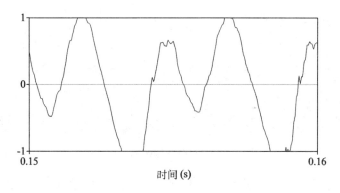

图 2-4-6 削波示例

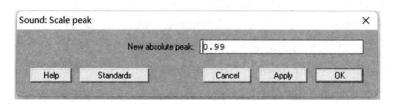

图 2-4-7 调整峰值

0-1数值范围内的任意数字,比如我们可以输入0.99(图 2-4-7)。点击OK后声音对象振幅最大值的绝对值就变成了0.99。

第 3 章　Praat 脚本编写与声音的感知特点

3.1　Praat 脚本

脚本(Script)功能是 Praat 最重要的一个功能。有了脚本,不但可以大大提高工作效率,甚至还可以扩展 Praat 的功能。我们知道电影、戏剧演出都需要脚本。脚本的功能就是把整个故事涉及的要素、发展的流程都一一写出。Praat 的脚本也是一样,就是把需要的操作步骤一一详细列出来。Praat 提供了一个功能,记录我们在 Praat 中的各种操作。我们可以利用这个功能,完成一个简单的脚本。

3.1.1　利用粘贴历史功能

先在对象窗口点击"Praat>New Praat script",这样就打开一个新的窗口:脚本编辑窗口(图 3-1-1)。这个窗口跟 Windows 系统

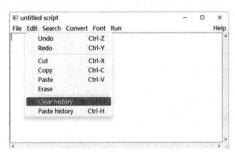

图 3-1-1　脚本窗口

提供的记事本界面很像,也是顶部是一个菜单,下面是一大块文本编辑区,可以像记事本一样随意输入文本。点击菜单"Edit>Clear history",可以清空前面我们做的所有操作记录。

然后我们来完成这么一系列操作:先打开一个声音,然后播放,再用 Edit 打开。完成这些操作之后,我们回到脚本编辑窗口,点击菜单"Edit>Paste history",在文本编辑区里会出现几行文本,列出的正是刚才我们做的所有操作。

Read from file: "D:\PRAAT4\examples\1. wav"
Play
View & Edit

点击菜单"Run>Run",Praat 就会把刚才几个操作重复一遍。这样,也就运行了我们的第一个脚本。脚本非常简单,一点也不神秘。从这个简单脚本的使用过程,也可以发现,手工完成那三步工作的速度比脚本运行要慢得多。而如果接下来需要对别的声音文件做类似操作,只需把这个脚本里的文件名修改一下就可以自动完成相关操作了。而这只不过是最简单的三步操作。如果有几十步甚至更多的操作需要重复完成,可以想见脚本可以多大程度提高我们的工作效率。

在语音研究中,我们经常需要做大批量的重复性分析工作。如果不用脚本,纯粹靠手工点击,那样效率就会非常低。对于电脑来说,重复性工作都可以交给它来完成,这样就可以解放使用者,来完成一些更有创造性的任务。接下来我们将初步介绍 Praat 脚本的基本使用。

在编写脚本之前,有几个问题需要注意:

首先,Praat 的运行命令有适用范围,有些是在对象窗口中有效,有些是在编辑窗口中有效。脚本是同时可以在对象窗口和编辑窗口打开的。任意打开一个编辑窗口,可以看到在菜单 File 下面也有跟对象窗口一样的两个脚本的按钮。点击后打开的界面也与在对象窗口中打开的脚本编辑器差不多。但是如果没有加入专门的语句，编辑器中的脚本窗口只能运行编辑器里有效的命令。同样，在对象窗口里也只能运行对象窗口中有效的命令。所以我们先学习不需要跨窗口运行的脚本。

其次，我们编写一个新脚本，一定要充分利用 Paste history 功能。能让 Praat 记录的命令，都先点击一遍，尽量不要手工输入。这样可以有效避免一些细微的输入错误，从而减少脚本运行出错的机会。如果决定要新编脚本了，一定要先清空一下历史，因为 Praat 一直在不断地自动记录操作。如果没有清空，粘贴历史的时候，就会粘贴上一堆无关的操作。

不过 Praat 也不是所有的操作都会记录，它只记录鼠标点击按钮和通过菜单进行的一些操作（以及对应的快捷键），编辑窗口中的鼠标点击、拖放动作不会记录。所以需要粘贴历史的时候，鼠标操作都应该改成对应的菜单或者键盘操作。

再次，Praat 毕竟只是个共享软件，并非由商业公司开发，做不到像商业软件那样界面漂亮，兼容良好。所以，如果从别的地方拿一个脚本来用，很容易出错。要注意以下几个方面。一个是低版本 Praat 中编的脚本基本都可以放到高版本中用。如果反过来，高版本 Praat 中编写的脚本在低版本中运行，往往会报错。因为每次更新的时候，可能添加一些脚本语句或者把语法都稍微改动，那么低版本自然就不认识了。第二，很多脚本是针对一些特定的目录结构或者标注文件格式写的。而自己的目录结构或格式跟那个脚本默认的不一样，那么很可能运行出现问题。一定要搞清楚相关的要求。因为 Praat 是荷兰人写的，早期对中文的支持很差，现在虽然基本可以支持中文了，但也不是很完善，偶尔会出一些问题。所以，为了保险起见，文件夹名字和文件名等尽量不要用中文，而采用字母和数字。如果用了中文的脚本报错，就要检查是否有这方面的问题。

最后，脚本对语句规范是有一些要求的，在运行前一定要多检查。比如语句的大小写，一般大小写不能互换。像变量名什么的，就必须小写字母开头,否则会出错。另外还有全角半角符号、中英文标点等问题,也是容易出错的地方。像中文空格和西文空格混淆之类的小错误如果不一开始就搞对,后面往往很难检查出来。这也是为什么刚才强调要多利用粘贴历史功能。总的来说,编写脚本的时候,我们主要负责编写各类控制语句,而具体的功能语句都应该尽量在记录的历史基础上来修改。

3.1.2 两种变量

光利用历史,只能实现一些比较简单的功能。比如上面那个自动生成的脚本,要应用到另一个文件上,只须改一下文件名就可以。如果要连续对几个文件都进行这几个操作,只需要把这几条语句复制一下,然后修改一下相关文件名就可以。比如改成这样:

Read from file:"D:\PRAAT4\examples\3.wav"
Play
View & Edit
Read from file:"D:\PRAAT4\examples\0001多.wav"
Play
View & Edit
Read from file:"D:\PRAAT4\examples\太阳.wav"
Play
View & Edit

如果我们需要处理几十个、上百个乃至更多声音文件的时候,这样手工一个个修改显然是不方便的。Praat 脚本给我们提供了一些变量设置和控制语句。掌握了这两点,我们就可以大大提高工作效率了。

学过编程的应该都知道,程序语言往往有很多不同类型的变量。而 Praat 的变量类型很简单,只有两种:数值型和文本型。数值型变量是能够进行加减乘除等数学运算的。而文本型变量是不能进行数学运算,形式上出现加减也只是字符的拼合或者删除。数值变量和文本变量不能放在一起运算。

为了区分两种变量,Praat规定,凡文本型变量结尾必须加"$"符号。如果是数值型变量则不能以美元符号结尾。如果同一个脚本里面有a和a$,这是两个不同的变量。而且必然是a是数值型变量,a$是文本型变量。

下面我们操作一下。在Praat脚本中,变量不需要提前定义,使用的时候直接赋值就可以。我们可以在脚本编辑窗口敲入:

```
a=1
b=2.3
a$ = "1"
b$ = "2.3"
```

上述语句中等于号起到赋值作用。前两句给变量a和b分别赋值。需要注意的是,所有变量都要以小写字母开头,而不能以大写字母或者数字开头。因为Praat不像有些编程语言有多种数值类型,它只有一种数值型变量,所以赋值可以直接为整数或者小数。后面两句是给两个文本型变量赋值,可以赋值为单独字母或者字符串,但是必须加双引号(注意是西文的双引号)。给变量赋值以后就可以用变量进行运算。数值变量除了加减乘除外,还有一些内置的数学函数可以使用。文本变量也有一些对应的文本操作函数。这些函数后面涉及的时候会再介绍。完整介绍可以在脚本窗口的Help里面查询,这里先不赘述了。

下面我们实验一下如何使用这些变量。

```
c=a+b
c$ = a$ +b$
writeInfo: c, tab$ , c$
```

第5、6两句分别是对两种变量进行运算,然后赋值给两个新变量。为了直接看到运算的结果,我们在这里引入一个新的命令

writeInfo[①],这个命令的作用是清空消息窗口后显示相关内容。在命令后需要加西文的冒号,然后再写需要显示的内容,内容如果有多个变量或常量,需要用逗号隔开。常量指赋值是固定的量,比如这一句中的 tab$ 就是个文本常量,它的值是一个制表符。在这句语句中,我们用到了两个变量和一个常量,所以用了两个逗号来分隔。整句命令的意思就是显示变量 c 的值,然后加制表符,再显示变量 c$ 的值。

图 3-1-2 显示结果 1

点击 Run>Run 后,就跳出一个 Info 窗口。这个窗口可以用文本的形式显示各种查询的结果,结果如图 3-1-2 所示。我们可以看见 c 是数值运算的结果,结果为 3;而 c$ 是文本合并操作,结果为 12.3。不过这么显示不是很友好,为了更方便阅读,我们也可以把第 7 句改成这样的形式:

writeInfoLine:"数值变量 c 的值为", c, ",文本变量 c$ 的值为" ,c$, "。"

这句我们换了个类似的显示语句 writeInfoLine。它的作用也是先清空 Info 窗,再显示内容。跟 writeInfo 不同的是,它在显示内容的结尾加了一个看不见的换行符。在这句语句中,要显示的连续文本中嵌入了两个变量,所以文本就变成了三段。文本显示方法跟前

---

① 在早期版本中是用 echo,对应的语句是写成 echo 'c'"c$'('c'和'c$'之间有个制表符)。根据早期 Praat 的规定,引用变量,除了少数场合,绝大部分场合都需要加单引号(同样是西文的)。所谓引用变量,就是让 Praat 知道,需要显示的不是变量的名字,而是变量的值。因此这句话两个变量外面都套上了单引号。这种语法写起来比较直观,但是偶尔会引起一些误会,也跟现在大部分编程语言的表达方式不统一。在新版本中就修改了,但旧的语法依然支持。

面赋值一样,需要在两端加双引号,所以有""数值变量c的值为""、"",文本变量c$的值为""和" ."""这三部分。它们之间嵌入的变量,都需要用西文逗号分隔[1]。

显示出来的结果如图3-1-3:

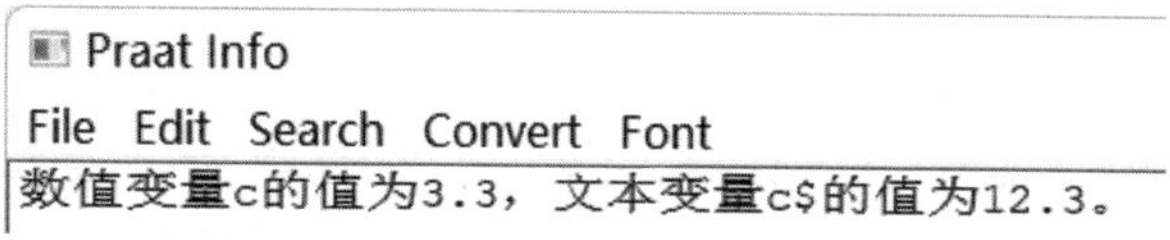

```
Praat Info
File  Edit  Search  Convert  Font
数值变量c的值为3.3,文本变量c$的值为12.3。
```

图3-1-3 显示结果2

有时可能要显示的数字小数位太长,只需要保留部分有效数字就可以。可以用一个数学函数 fixed$。它的格式是后面加西文括号,括号中写入变量名和保留位数,两者用逗号隔开。

a= 20
b = 3
c = a/b
appendInfo:"a 和 b 的商约等于", fixed$(c,2)

显示的结果为"a 和 b 的商约等于 6.67"[2]。这里我们又用了一个新的显示 Info 的命令。它跟前面两个命令的差别是只显示结果,而不会清空原来 Info 窗口中的内容。

3.1.3 控制语句

下面我们再学习两种基本的控制语句。本节主要介绍条件语句和一种循环语句。条件语句的基本格式是第一句写 if 加上条件,最

---

[1] 这一句也可以写成"writeInfoLine:"数值变量c的值为'c'文本变量c$的值为'c$'."",或者完全用旧语法来写就是:"echo 数值变量c的值为'c',文本变量c$的值为'c$'"。跟文中对应的那句比较,我们可以发现,有时旧语法更简洁,所以后面的脚本中偶尔也会使用。

[2] 在 Praat 中还有一个非常简单的办法,直接在引用变量的时候在变量名后面加冒号,并填入有效位数。比如:"echo a 和 b 的商约等于'c:2'"。

后一句写 endif。

    a = 1
    if a = 1
        pause a 的值等于 'a'
    endif
    pause 脚本运行结束

    为了显示结果，这里顺便再介绍一个简单交互命令 pause[①]。pause 也能显示结果，跟 writeInfo 不同的是 writeInfo 只是在消息窗里显示结果，不会暂停语句的运行，而 pause 是暂停当前脚本，跳出一个消息框，如果不确认就不会运行后面的语句。所以 pause 在需要中途进行一些手工操作或者脚本调试的时候非常有用。

    以上一段代码的作用就是先给变量 a 赋值，然后进行条件判断，是否满足 a=1，如果满足则运行下一句，如果不满足则直接跳到 endif。所以如果我们直接运行以上代码，运行中途就会跳出一个如图 3-1-4 这样的消息框。点击 Continue 后，后面的语句继续运行，就会跳出第二个消息框。如果修改第 1 句，给变量 a 赋了别的值，那就不会跳出第一个消息框，而是直接跳出第二个消息框。

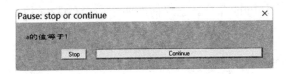

图 3-1-4 Pause 对话框

    这段代码还有两点需要说明一下。一个是在 if 和 endif 两句之间的代码缩进了。在 Praat 脚本运行时，每行开头无论是用 tab 键还是空格键造成的缩进，都会直接忽略。所以对于脚本运行，有没有缩进没有任何影响。这里的缩进完全是为了阅读代码方便。我们也建

[①] 脚本中的 pause 是用的旧语法，新语法改成 pauseScript，语句写作："pauseScript： a 的值等于"， a"。

议,凡是位于成对的命令之间的语句一律缩进。

另一个是第 5 句的功能就是跳出第二个消息框,本身其实是可有可无的,对整个代码运行没有什么影响。但在一段完整的代码结尾处加上这一句,可以提示代码已经结束运行。如果没有这一句,当 a 没有赋值为 1 的时候,这一段代码运行了就会跟没运行一样。所以可以根据需要决定是否要加这一句。

以上只是条件语句最简单的运用,实际情况会更复杂。比如满足了条件需要进行某种操作,而不满足条件需要另一种操作,因此条件语句可以加一句 else。

```
a = 1
if a = 1
    pause a 的值等于 'a'
else
    pause a 的值不等于 1
endif
pause 脚本运行结束
```

如果不修改第一句,那么这段脚本的运行结果跟上一段一样。而如果把第一句 a 的值改成其他数值,那先跳出来的就是 else 里定义的消息框。

如果不止一个条件判断,那么就可以再加一个 elsif。需要注意的是,这个命令拼写的时候不是 elseif,中间少一个 e。根据需要 elsif 可以重复很多条。

```
a = 1
if a = 1
    pause a 的值等于 1
elsif a = 2
    pause a 的值等于 2
else
    pause a 为其他值
```

  endif
  pause 脚本运行结束

  接下来，我们学习循环语句。所谓循环语句就是能根据循环条件反复执行，直到循环条件不成立才结束的语句。这个功能在需要大量重复性工作的时候特别有用。在 Praat 中循环命令有 for、while 和 repeat 三种，本节我们介绍 for。

  for 后面先列出一个数值变量。这个变量可以不用提前赋值。后面写 from to 就是给这个变量赋值了开始值和终止值。如果变量的值从 1 开始，from 那个部分也可以不写。即"for i to 10"和"for i from 1 to 10"是一样的。

  for i from 3 to 10
    printline 'i'
  endfor

  这个循环的意思就是先给变量 i 赋值 3，然后运行"for… endfor"之间的语句。运行一遍后，回到 for，重新给 i 赋值 4，再与上一次一样循环一遍。如此重复，直到 i 赋值为 10，运行后面的语句后跳出循环，相当于每次给 i 加 1。printLine 是一个旧语法的显示命令，与它等价的新命令是 appendLine，作用都是不清空 Info 窗口，直接显示结果并换行。运行结果如图 3-1-5：

图 3-1-5 使用循环语句后的显示结果

  下一节开始，我们就会用到这些语言来进行操作。

3.2 声音的主观量

声音有一些重要的物理属性,比如振幅、频率以及波形特征等。另外有些教科书也会列举一些与声音相关的属性,比如响度、音高、音质等。在一些入门教材中往往直接把这些跟前面三个物理属性划上等号。但是这个处理不是很合理,因为振幅、频率、波形特征这些属性都是所谓的客观量,我们可以直接测量。而响度、音高、音质可以叫做声音的主观量。所谓主观量是人的听觉系统对声音的一种主观感受。虽然说它们跟振幅、频率和波形特征有紧密联系,但并不是等价的。比如响度确实和振幅是紧密联系的,如果两个声音频率相同,振幅越大的,声音响亮程度越大。而没有了频率相同作为前提,两个声音即便振幅差别很大,也不一定振幅大的必然响度也大。

3.2.1 振幅与响度

振幅在前文有一个定义,是指正弦波的位移最大量。但是我们很少能接触到单纯的正弦波,接触到的都是多个正弦波组合出来的复合波。比如像图3-2-1这两个波。可以看到,这两个波的最大振幅是一样。而且从波内部的大周期、小周期来说,这两个波也应该是差不多的。两者比较明显的区别是,在一个大周期中间的这些小突起虽然间距差不多,但是一个慢慢衰减,另一个快速衰减。可以想象这两个声音,哪个声音更响?肯定是衰减比较慢的那个。但如果

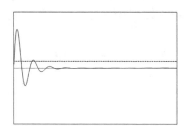 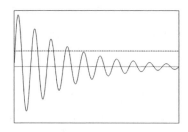

图3-2-1 衰减速度不同的两个波

用最大振幅来描述两个波,肯定是没法区分它们的。因此必须要换个方式来量化复合波的振幅,这就是所谓的平均振幅。不过,这个平均振幅不是把测量到的每一个样点的振幅都加起来,再取平均数。因为波形总是围绕零值上下振动,这就意味着把所有的振幅数字加起来,结果为零。所以平均振幅用均方根(Root of Mean Square,RMS。也有人称之为方均根)来表示。计算方法就是把每一个样点的振幅先求平方再求和,然后算出均值,最后开方。比如这两条复合波的平均振幅,图上用虚线标出了。如图显示,明显右图比左图的平均值要高。事实上人的大脑对瞬时声音振幅波动是没有响应的,平均响应时间间隔约为35ms,所以RMS值也更能反映人对振幅的感知。所以在Praat里测量振幅曲线的时候,其实都是求平均振幅。

振幅是物理量,可以用帕斯卡(Pa)作为单位。但是因为人耳朵能够听到的最大的声音和最小的声音的压强差异非常大,相差上百万倍。这样的数字使用起来不大方便,而且也跟人对声音大小的感知不大一样。为了方便比较不同声音的振幅差异,我们往往用相除后取对数的方式。比如有AB两个声音。我们就可以用声音A的振幅除以声音B的振幅,求得两者倍数关系后再取一个以10为底的对数。假如说两个声音振幅差十倍,取对数后就得到1。因为分子是帕斯卡,分母也是帕斯卡,所以这个数字是没有单位的,纯粹是个数量关系。我们可以说两个声音差1,因为我们用的十进制,取对数又是以10为底的,所以也可以说两个声音差1个数量级。只不过,物理学上还是喜欢给这样的数量关系加一个单位,单位名往往是用著名的物理学家名字来命名。声音的数量级差异就是以声学家亚历山大·格拉汉姆·贝尔(Alexander Graham Bell)的名字来命名的。只是作为单位,拼写上修改了一下,变成Bel。在日常使用中,Bel这个单位又有点大,改用其十分之一,单位变为decibel,简写成dB,也就是我们比较熟悉的分贝。

对于dB这样的单位,一定要注意它是表示相对的数量关系。所以按照定义,我们不能直接说某个声音有多少dB,而必须是有参考声音,比如 AB 两个声音相对于声音 C 来说,声音 A 比声音 C 大 10dB,声音 B 比声音 C 大 20dB,这才有意义。不过,在日常应用中为了使用方便,我们往往用一个大家公认的参考值。这个参考值是一个 1000Hz 的声音刚刚能被人听到时的振幅,其气压变化约为 20μPa。这个声音大致相当于一个肥皂泡破裂那么微弱的声音。这也是为什么可以直接说现在外界噪音有 60dB。下面给出了一些常见声音的 dB 值。大家可以发现,这些不同声音的 dB 值大小关系更接近我们听觉对它们响亮程度的感觉:

安静的图书馆:30dB;

冰箱的嗡嗡声:45dB;

正常交谈:60dB;

汽车喇叭:85dB;

火车汽笛声:120dB。

有了这个公认的参考值,我们现在可以直接说一个声音有多少 dB。需要注意的是不能简单根据数字来判断它们的数量关系。比如,图书馆里的背景噪音声音为 30dB,正常交谈的声音是 60dB,我们只能说图书馆的噪音比正常交谈小 30dB,而不能认为前者是后者的一半,因为它们实际的振幅差异是差了 1000 倍。听觉能听到的振幅范围上下限差了 100 万倍。

我们可以实验一下,振幅相差一半的两个声音,响亮程度差别有没有达到一半。我们可以合成几个声音。首先用"New＞Sound＞Create Sound from formula…"来合成一个振幅为 0.1、频率为 500Hz 的声音,对象名为 sine1。接下来,在脚本编辑窗口粘贴历史,可以得到"Create Sound from formula: "sine1", 1, 0, 1, 44100, "0.1*sin(2*pi*500*x)""。我们试试用 for 循环来写[①]。

    for i from 2 to 4

[①] 若脚本较长,超出脚本编辑器边界,为阅读方便要转行,转行方式如下:直接回车换行,在行首加"…"。

Create Sound from formula: "sine'!", 1, 0, 1, 44100, "0.1*2^(i-1)*
　　... sin(2*pi*500*x)"
endfor

这段脚本是要合成 3 个振幅分别为 0.2、0.4 和 0.8 的声音。其中"^"是乘方符。合成完成后，可以选中所有 Sound 对象，点击 Play 连续播放。或者为了同时对比查看方便，先点击 Concatenate，把 4 个 Sound 对象连成一个 Sound 对象。对比之后，大家可以发现几个声音的音量差别没有振幅数据差别的那么大，只能说振幅大的稍微更响亮一点点。读者也可以合成其他频率的声音试试。

根据以上内容，我们已经发现响度的差别跟振幅的差别不是一个线性关系，而更接近一个对数关系。

不过，如果用刚才的脚本尝试着换成不同的频率来实验，还会发现频率也会影响我们对响度的感觉。所以对于响度和振幅的关系，我们暂时只能说，在相同频率的情况下振幅越大，响亮程度越大。与频率的关系，我们将在下一节介绍。

Praat 中没有直接提供提取相对振幅值的功能，因为在研究中更常用的不是振幅，而是一个跟振幅关系很密切的参数音强（Intensity）。音强是单位时间内通过垂直于声波传播方向的单位面积的平均声能，单位为瓦/平方米，不过一般也是用 dB 来量化。它跟振幅的平方成正比，所以如果用 dB 值，它的数值就是对应振幅 dB 值的两倍。在 Praat 中，选中 Sound 对象，有两个地方可以得到音强。一个是右边会直接出现如下的按钮（图 3-2-2）。另一个是点击"Query>Get intensity（dB）"（图 3-2-3）。

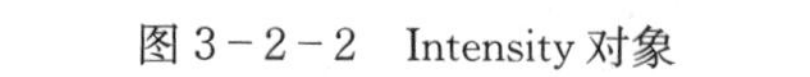

To Intensity...

图 3-2-2　Intensity 对象

用前一种方法点击后就会在对象区出现一个 Intensity 对象。这个对象储存了当前声音的音强曲线，即若干时间点的音强值。用后一种方法得到这个声音的平均音强。

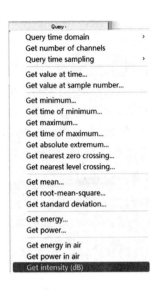

图 3-2-3　Sound 对象对应的 Query 菜单

之前我们介绍过利用振幅来修改声音大小的办法。我们也可以利用平均音强把两个声音的音强改得一样。具体步骤如下：

先查询第一个声音的平均 Intensity，记录下来。然后选中第二个声音后点击"Modify＞Scale intensity…"。在跳出来的对话框里填入刚才查询到的音强数值。用脚本操作则是：

selectObject：''Sound 1''

yinqiang = Get intensity（dB）

selectObject：''Sound 2''

Scale intensity：yinqiang

3.2.2　频率与音高

接下来我们再讨论一下另一个主观量：音高。音高与频率的关系非常密切。频率是一个客观量，它反映了振动的快慢，在单位时间之内振动多少次。一般这个单位时间用的是 1 秒（s）。频率的单位使用另一位物理学家赫兹(Hertz)的名字命名。100赫兹(Hz)就是1秒钟振动100次。

音高不像响度既受到振动的强弱的影响,也受到振动快慢的制约。音高主要受振动速度影响,但是两者的对应关系并非是线性的。

物体的振动频率的高低跟很多因素相关,比如振动器本身的质量。因为东西越重,它的振动速度就会越慢。同样,体积越大声音就越低。大家生活中都有这样的经验,比如小提琴和大提琴为什么声音差别那么大,就是本身体积差异导致的。另外还有一个就是发音体的松紧程度。比如我们可以试验拿一个橡皮筋绷紧弹一下,就会发现绷得越紧,音高也会越高。

具体到我们发音的时候,这些因素也同样会影响语音频率的高低。为什么成年男子的声音比较低沉,就是因为男子本身的体型偏大,男子的声带也更宽、更厚。而女子的体型偏小,声带相对窄而薄,所以女子的音高更高。同一个人的音高也能变化,比如唱歌唱出旋律,还有声调、语调变化。这种音高差异则是主要靠控制声带的松紧程度来实现。

另一方面,我们对频率的感知范围则远远超出我们的发音范围。图3-2-4对比了人类和几种动物的听觉范围。需要注意的是,这

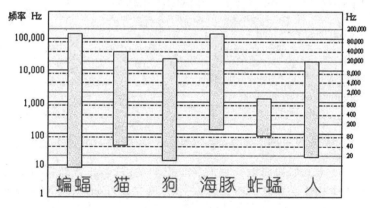

图3-2-4 人与几种动物的听觉频率范围

个图的纵向标尺,标的是数量级或者说是一个对数标尺。也就是说在图中直方条下面差一截和上方差一截,两者的数字差是很不一样的。比如说猫的上限比蝙蝠的上限低了一截,数值上差了好几万Hz;而同样下限猫比蝙蝠高一截,数值上其实也就差了几十赫兹。所以猫和狗听觉范围的长度看上去似乎差不多,猫甚至还短一些。但实际上猫的范围比狗要宽很多。根据这张图,我们可以看到人类跟其他动物相比,听觉能力并不算强。但即便这样,听觉范围差不多是从20Hz到20000Hz,仍然是一个很广的范围。

前文谈到振幅的时候,我们已经了解到,听觉上响度的感受跟物理数值间不是线性关系,而接近对数关系。频率范围上下限相差也有1000倍。那么主观感觉的音高与频率之间是不是也有可能是对数关系呢?这个问题有点复杂。在详细讨论这个问题前,我们先做个小实验。

在音高感知中,音乐的旋律是非常重要的。因此在音乐中就有一些音高的单位。一般来讲,在音乐分析中,频率每翻一倍,音高就增加了一个八度。而频率翻倍就称为倍频程(Octave)。人耳听觉范围大致有10个倍频程。

在十二平均律①中,一个八度被分成了12个半音(Semitone)。每升一个八度,频率就翻倍,所以每个八度的频率范围是以指数形式增长,而不是线性增加。相应的每个半音之间的距离也不是八度频率范围内线性等分,而是每上升一个半音,频率就乘以$\sqrt[12]{2}$,这样乘了12次,增加12个半音就正好是增加一个八度,频率翻倍。

以图3-2-5的钢琴键盘来讲,键盘上从C到B有7个白键和5个黑键,白键在音乐上用7个英文字母CDEFGAB来标记音名。按C大调音阶对应简谱就是1234567。因为相邻键之间都是相差一个半音,所以相邻的白键有些差两个半音(一个全音),有些差一个

---

① 乐律有很多种,十二平均律只是一种最适合用来转调的乐律。其实人耳对音乐的感觉非常复杂,这里只能做一个最基本的介绍。

半音。

C 是频率约为 261.6Hz,波长 1.3m 的音(因为与其位于同一个八度的 A 音被规定为 440Hz,波长 78cm),它是乐音体系中 88 个音的第 40 个,位于乐音体系的中央位置,因而得名中央 C。中央 C 的音组,属于乐音体系中的小字一组,固定唱名为"do"。

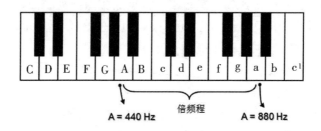

图 3-2-5 钢琴键盘局部

我们可以尝试用脚本来合成中央 C 所在八度中的白键音。

```
♯合成 12 个半音中的白键音
for i to 12
    yingao = 261.6 * 2^(i/12)
    if i=0 or i=2 or i=4 or i=5 or i=7 or i=9 or i=11 or i=12
        Create Sound as pure tone: "tone 'i'", 1, 0, 0.4, 44100, yingao,
        ... 0.2, 0.01, 0.01
        printline tone 'i' 'yingao:1'
    endif
endfor
```

在这段脚本中,我们加了一个注释语句。在 Praat 中注释语句就是以"♯"或者";"为首个字母的语句。注释符号的主要作用是用来在后面加一些说明性文字,或者让某个语句暂时失效。在编写脚本的时候经常加入注释语句是一个很好的习惯。否则以后脚本写多了,可能自己都搞不清某些脚本语句的作用。

运行这段脚本后,就可以生成 8 个 Sound 对象。大家可以听听感受一下，然后再把初始频率261.6Hz改成别的频率试试。通过这段实验，我们可以发现，人耳对音高的距离感更贴近半音，而不是频率数值差异。因为八度就是一个倍频程的关系，差不多可以认为人耳对音高的距离感与频率数值转化成对数后线性对应。

问题并非这么简单。事实上十二平均律的这种数值关系仅仅在中低频率的范围接近人对音阶的感觉。当频率大于1500Hz以后，越往高频区走，人对音阶距离的感觉会越高于用十二平均律计算出来的频率值。读者可以把刚才那个初始频率改为高于1500Hz试试。

上面那段脚本合成的声音都在一个八度内部，差异不是很明显。为了更清楚地体会不同频段音高距离的感觉，我们把上面的脚本修改一下，每次循环都让频率翻一倍，或者说上升理论上的一个八度。

```
♯合成一组频率为等比数列的声音
for i to 10
    yingao = 50 * 2^(i-1)
    Create Sound as pure tone: "tone'yingac'", 1, 0, 0.4, 44100, yingao,
    ... 0.2, 0.01, 0.01
endfor
```

这样我们就合成了若干个正弦波，从50Hz开始不断翻倍，即100Hz、200Hz、400Hz、800Hz、1600Hz……

为了让听辨和观察方便，可以先把生成的这些声音组合成一个声音对象。操作方法是先全部选中，点击"Combine＞Concatenate recoveraly"。与上节合并不同的是，这次合并声音同时生成一个TextGrid对象，名字也叫Chain。

打开声音，首先可以发现这个声音从头到尾振幅始终是一样的，但听上去的效果各段响度并不一样。这就说明，不同的频率即便振幅是一样的，响度也是不一样的。排在中间的几个声音特别响亮，从低频开始往高频播放，大致上先是越来越响，但过了三四千赫兹以后就开始弱下去了。到过了10000Hz以后就逐渐听不见了。因为人耳这个所谓的20000Hz上限并不是指所有人,到了一定年纪之后,高频就可能听不见了。

不过这还涉及播放器材本身,播放器质量越好,高频和低频就能还原得越好,否则也会影响播放效果。

其次的问题是,合成的这些纯音,基频都翻一倍。用前面讲的音乐术语来说,也就是每次音高提高了12个半音或者说提高了一个八度。一开始几个音之间确实给我们差不多这样的感觉,但是越往高频去,就越感觉没有提高八度。

由此可见,像响度、音高这类主观感觉,虽然跟声音的物理量有密切关系,但是关系很复杂。所以,我们还会使用其他单位来量化这些感觉。

3.2.3 方、美和巴克

图3-2-6展示的是所谓的听觉范围(Auditory Area)。前面我们一直说人的听觉范围是20～20000Hz。但是很显然,即便在这个频率范围内,只要声音的振幅足够小,我们肯定也听不到。所以我

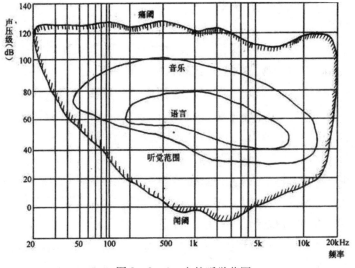

图3-2-6 人的听觉范围

们谈到 dB 这个单位的时候，就定义了一个参考音。这个音的振幅是我们刚刚能够听到的声音的大小，但我们也强调频率为 1000Hz。这个声音的振幅或者说音强，就是这个频率的闻阈。另外，我们还可以定义一个数值，当声音的音强超过了这个数值，我们的听觉器官就会损伤了，这个值叫做痛阈。自然对于 1000Hz 的纯音来说，它也会有对应的痛阈。

根据刚才的实验，我们已经发现，不同频率、相同振幅的声音响度不同。所以可以想见，不同频率的闻阈和痛阈也不会相同。图 3-2-6 的横轴是频率，纵轴是音强。下面这条曲线就是我们听觉范围内的闻阈值连线，上面那条曲线是痛阈值的连线，而包裹在两条曲线之间的区域，就是我们的听觉范围。这个范围之外的声音，都是我们无法听到的。

根据图 3-2-6，位于闻阈线上的声音，都是我们刚刚能听到的声音，或者说响度一样的声音，但是这些声音的音强差异非常大。而上面的那条痛阈线，就是耳朵刚刚会痛的声音。它们之间的音强差异就要小很多，所以闻阈线和痛阈线的形状差别也比较大。

我们也可以看到差不多 500～5000Hz 这个频率段是听觉范围内上下距离最大的。这也就是听觉最敏感的频率范围。语言的大部分信息也差不多正好集中在这个范围之内。

实际上不同人的听觉范围都不尽一样。以上那个图显示的是一个听觉器官没有任何问题的正常人的听觉范围。听觉受损了，就是在这个听觉范围上出现一些缺失，而不是说简单的闻阈线整体上升了。

接下来我们也很容易想到，1000Hz 的某个声音，是否也可以找到其他频率的跟它响亮程度差不多的声音呢？声学家们也确实做了这类实验。实验结果如图 3-2-7，在听觉区域范围内，可以找到一条条接近平行的曲线，凡是位于同一条线上的声音，都具有相同的响度。这些线就叫做等响曲线。

等响都是以 1000Hz 纯音的音强作为基准的。比如与频率 1000Hz、音强 10dB 的纯音响亮程度一样的声音可以连成一条曲线，

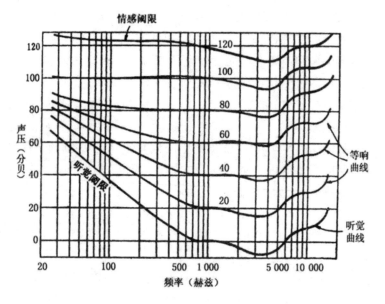

图 3-2-7 等响曲线图

与 20dB 响度一样的又可以画一条线。虽然线上的声音的客观物理音强不一样,但是主观感觉它们的响亮程度一样。这样主观的响度单位就可以用 1000Hz 纯音的音强值来定义,称之为方(Phon)。与 10dB 的 1000Hz 声音在一条等响曲线上的声音的响度都是 10 方,与 20dB 等响的响度就是 20 方。

音高同样也有主观单位,而且出于不同的研究需要,还设计了好几种。下面我们介绍比较常见的两种。

前文我们已经发现音高距离在中低频与物理频率距离的对数值接近正比关系。但越往高频,这个关系就越不成立。所以 Stevens、Volkmann 和 Newmann(1937)就通过实验定义了一个音高单位 Mel(往往翻译为"美"或者"梅尔"),这个 Mel 来自 melody,取它的前三个字母。

这个实验的大致做法就是请来一大批受试者。在这些受试者面前有一个装置,让他们可以随意调节听到的音高。需要大家完成的任务就是先听一个比如 1000Hz 的纯音,然后请他们调出一个音高比这个声音高八度或者低八度的声音。理论上,用倍频程来算实际上就应该是调到频率翻一倍或者降一半的声音。

1000Hz 的一半就应该是 500Hz,大家调出来的频率虽然不完全一样,但基本都只有 400Hz 不到一点。这数字比预期的 500Hz 要低。或者从音高感来说,1000Hz 降一个八度频率减半还不够,而是要降更多。同样,升八度本来应该是 2000Hz,实际上要到 3000 多 Hz 才接近音高提高八度的感觉。实验用这种方法测试了很多不同频率的声音,最后发现受试者调节的结果很相似。这说明大家的音高感基本是一致的。因此基于这个实验设计了一个音高单位 Mel。因为理论上降八度频率减半,升八度就是频率翻倍,所以就以 1000Hz 纯音的音高定义为 1000Mel,升八度就是 2000Mel,降八度就是 500Mel。再把受试者实际调出的频率值取平均,就可以得到一个 Mel 值和频率值之间的对应关系表(表 3-1)。

表 3-1 Mel 值和频率值对应关系

频率(Hz)	Mel	频率(Hz)	Mel
20	0	1420	1250
160	250	1900	1500
394	500	1250	1750
670	750	3120	2000
1000	1000	4000	2250

另一个音高的主观量叫 Bark(往往翻译为"巴克"),是 1961 年由德国声学家 Eberhard Zwicker 提出的,以声学家 Heinrich Barkhausen(Phon 的提出者)的名字命名。在介绍 Bark 之前,我们先介绍一个概念"最小可分辨差异(Just Noticeable Difference,JND)"。因为人类感觉器官的分辨率不可能是无限可分的,所以视觉、听觉、触觉等各种感觉都存在 JND。在声音频率分辨上也是一样,人大概最精细可以分辨出一两赫兹的差异。但是这个分辨能力在不同频段是不同的。在低频段时的分辨能力明显要比高频段强很多。通过实验,JND 值可以画出这么一条曲线(图 3-2-8)。差不

多到两三千赫兹以上,分辨能力就急剧下降。到了8000Hz左右,两个声音的频率必须要差别超过20Hz才能分辨出不同来。

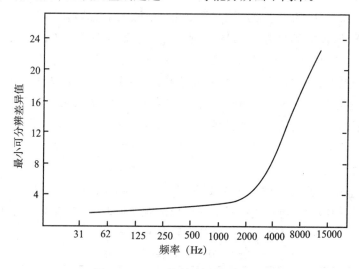

图3-2-8　不同频域的频率JND

这种差异可以用所谓的临界带宽(Critical Band)理论来解释。这个理论认为人的音高感知实际上可以分出若干不同的滤波频带,同一频带内部的声音就不容易分辨而会在心理上被整合成一个声音。这个频带在低频部分比较窄,在高频部分比较宽。

Bark实验的设计是要做掩蔽(Masking)效应。所谓掩蔽效应就是声音之间彼此怎么遮盖。大家生活中都有这样的经验,在安静的环境中说话声音可以小,而到了比较嘈杂的环境中声音就要变大。因为在嘈杂的环境里说话很轻,周围的声音就会把话语声给遮盖掉,使听话人无法听清。这种遮盖就是掩蔽。

掩蔽有很多种类型,比如时间关系上有同时掩蔽、前掩蔽、后掩蔽等。从声音类型来说,有高频对低频的掩蔽、低频对高频的掩蔽、噪音对纯音的掩蔽等。总之,掩蔽是一种很复杂的听觉现象。

Bark单位来自于噪音频带对纯音掩蔽效果的实验。这个实验简单来说,就是先合成一个纯音和一个以纯音频率为中心的噪音。

这个噪音的频率范围可大可小。噪音平均的音强也可高可低。如果频率带宽不变,平均音强越高,整体能量就越强;或者平均音强不变,频率范围越宽,整体噪音的能量也越强。

可以想象,只要总体能量不断提高,提高到一定程度时,受试者肯定就会听不见同时播放的纯音。按说以上两种方式都是提高总体能量,效果应该一样。但是实际的实验结果却是,不断提高平均音强,不改变带宽,到最后总能掩蔽纯音;而如果平均音强不达到一定的程度,噪音的带宽再加宽也无法掩蔽纯音。这就意味着用第二种方式只有一部分噪音能量是有效的,有一部分噪音能量是无效的。用临界带宽理论来解释,就是只有和纯音在同一个临界频带内的噪音能对纯音的感知有影响,超出这个范围的噪音就不会影响这个纯音的感知了。利用这样的实验还可以做出某个频率的临界带宽到底有多宽。

研究者把临界带宽不重叠而连续排列,每个临界带宽都有一个中心频率(表3-2)。如果换个角度看,把每个临界带宽都看作一个刻度的话,正好可以从低到高地在相邻频带处标上数字,这样也就成为了一种标尺,这就是所谓的Bark标尺。

表3-2 临界带宽及中心频率

Bark频带	中心频率	下界频率	上界频率	Bark频带	中心频率	下界频率	上界频率
1	50	0	100	13	1850	1720	2000
2	150	100	200	14	2150	2000	2320
3	250	200	300	15	2500	2320	2700
4	350	300	400	16	2900	2700	3150
5	450	400	510	17	3400	3150	3700
6	570	510	630	18	4000	3700	4400
7	700	630	770	19	4800	4400	5300
8	840	770	920	20	5800	5300	6400
9	1000	920	1080	21	7000	6400	7700
10	1170	1080	1270	22	8500	7700	9500
11	1370	1270	1480	23	10500	9500	12000
12	1600	1480	1720	24	13500	12000	15500
				25	18775	15500	22050

不论 Mel 还是 Bark,本来它们和 Hz 之间的数值转换关系是需要用实验做出来的。不过为了转换方便,研究者先后提出了很多拟合公式。在 Praat 就直接内置了频率与常用音高量之间的转换函数,转换 Mel 和 Bark 的分别是 hertzToMel 和 hertzToBark。我们可以用以下脚本来比较一下两者的关系(Praat 内置的 Mel 公式比较特殊,在脚本中我们换了一个更常用的):

```
#把频率值转换成美和巴克值,并作图
Create TableOfReal: "tableMelBark", 50, 3
for i to 50
    Set value: i, 1, i * 100
    Set value: i, 2, 2595 * log10(1 + (i * 100)/700)
    Set value: i, 3, hertzToBark(i * 100)
endfor
Draw inner box
Blue
Draw scatter plot: 1, 2, 0, 0, 0, 0, 0, 0, 12, "no", "+", "no"
Marks left every: 1, 500, "yes", "yes", "yes"
Black
Draw scatter plot: 1, 3, 0, 0, 0, 0, 0, 0, 12, "no", "*", "no"
Marks right every: 1, 5, "yes", "yes", "no"
Marks bottom every: 1, 500, "yes", "yes", "yes"
```

以上这段脚本我们先建立了一个新对象,TableOfReal 对象。这个对象主要用于存放各种数值型数据。利用 Modify 在这个对象中填入相关的数据。

又用到了两部分绘图功能。一个是对象窗口中的"Draw＞Draw scatter plot..."。相关参数的意义可以自行参看对应跳出的对话框。由于需要做两次散点图,两次的坐标又不一样。所以我们没有让 Praat 自动画出坐标,而是利用了绘图窗口中的 Margins 菜单。先用 Draw inner box 画出绘图区的边框,然后利用 Marks left every 功能。第一个数字表示基本单位。我们用 1 表示 1Mel,为一个单位。第二个数字表示一格需要多少单位,我们的图设计为每500Mel画一格。其他边的坐标绘制参数设置是一样的。一般我们更改第二个数字比较多。偶尔在把时间作为横轴的时候,由于Praat默认的时间单位是秒,我们的声音如果很短,可能就需要把第一个数字改成0.001,这样就变成以毫秒为单位了。

如图3-2-9显示,横轴为原始频率值,左边的纵坐标是Mel,右边的纵坐标是Bark,其中+为Mel,*是Bark。比较Mel和Bark两个单位,我们会发现,它们与频率之间的对应关系非常相似。如果把相关数据点连接起来的话,两条曲线几乎重合。

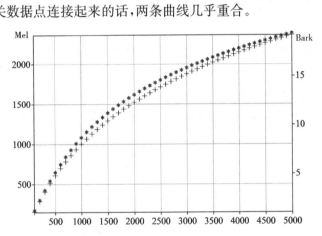

图3-2-9　Mel和Bark标尺的比较(+为Mel,*为Bark)

这其实就反映了我们听觉上的一个共有的特征。差不多在1000Hz以内,音高距离接近于频率值的对数等距关系。而超过1000Hz以后,人们对音高距离的敏感度就迅速降低了。也正是因为Mel和Bark能够更好反映人的听觉距离,所以很多研究往往不用原始的频率值,而改用这两个单位。比如后面谈到的元音共振峰,往往就会转化成Bark。

不过也因为在1000Hz以下,频率和Mel之类的单位之间基本是线性关系,而声调或者语调的基频一般都在1000Hz以下,所以声调语调的研究往往只是把频率转换成半音甚至直接使用原始的频率值。

第 4 章 复合波和波形分析

4.1 复合波的种类和频谱分析

前面我们主要介绍的是纯音,但是纯音其实是一种理想情况,在日常生活中是听不见的。只有通过电脑合成或者专门制作的音叉才能听到近似纯音的声音。而日常生活中听到的声音都是复音。所谓复音就是由若干纯音叠加出来的声音。从波形上看,复音的波形就是复合波,而纯音则是正弦波。

我们可以先合成两个纯音,然后再合成一个两条波的叠加。

Create Sound from formula: "t100", 1, 0, 1, 44100, "1/2* sin (2* pi* 100* x)"
Create Sound from formula: "t500", 1, 0, 1, 44100, "1/2* sin (2* pi* 500* x)"
Create Sound from formula: "zuhe", 1, 0, 1, 44100, "1/2* sin (2* pi* …100* x) + 1/2* sin(2* pi* 500* x)"

运行以上脚本后,我们可以得到三个 Sound 对象(图 4-1-1)。

图 4-1-1 第一条是低频 100Hz 的正弦波,第二条是 500Hz 的正弦波,第三条是两者叠加后的复合波。前两个波都是正弦波,自然是周期波。第三个波图形比较复杂,是两个正弦波的叠加,我们把这两个正弦波称为这个复合波的频率成分。最后叠加形成的波形也可以呈现出周期变化。整个波形看上去好像 500Hz 的波形骑到了 100Hz 的波形上,100Hz 是大周期,500Hz 是小周期,所以整个复合波的周期和第一个波一样。事实上,只要组合成复合波的频率成分存在整数倍的关系,这个复合波就必然也是周期波,而且频率一般都

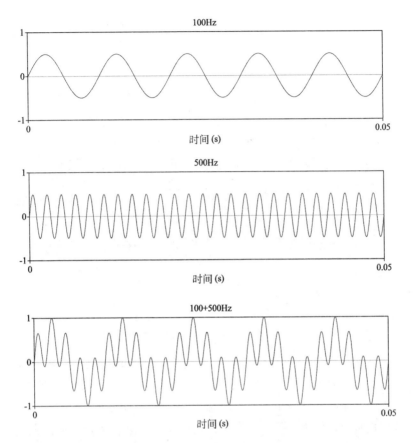

图 4-1-1 纯音和复合波的波形

是跟最低的频率成分一样。

所有存在周期变化的声波,我们统称为乐音。乐音中这些成倍数关系的频率成分叫做这个复合周期波的谐波(Harmonics)。为了区分不同的谐波,一般从低频往高频数,按顺序分别叫第一谐波(H1)、第二谐波(H2)等。复合波的频率一般来说就等于 H1 的频率。所以,我们会把这个 H1 叫做基音,其他谐波叫做陪音或者泛音。整体复合波的频率叫做基频(Fundamental Frequency)。

不是所有复合波都是有周期的,找不到明显周期的声波就称为噪音。我们可以通过以下语句合成一个完全随机的噪音。

  Create Sound from formula："WhiteNoise"，1,0,1,44100，"randomUniform
…（-1,1）"

  合成的噪音波形如图4-1-2，这是一个非常典型的噪音。它的特点是所有频率都有能量，而且杂乱无章。这样的噪音，有个专门的名称叫白噪音。声学的很多概念都是从光学来的。所有频段都有能量分布的光是白光。与之相对，这样的噪音也就叫白噪音。

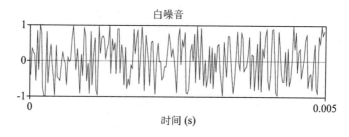

图4-1-2 噪音的波形图

  还有一种比较特殊的声波叫猝发波。有的时候也把它归为噪音，因为它也没有周期。但它还有一个特征就是瞬间出现马上消失，比如敲一下桌子这样的声音。因为这三类声音对应的语音不大一样，我们把它单独作为一类。我们可以用以下方法来合成猝发波。先在对象窗口点击"New＞Tiers＞Create empty an PointProcess…"，就会跳出如下对话框（图4-1-3）。我们可以任意改名和指定时长。

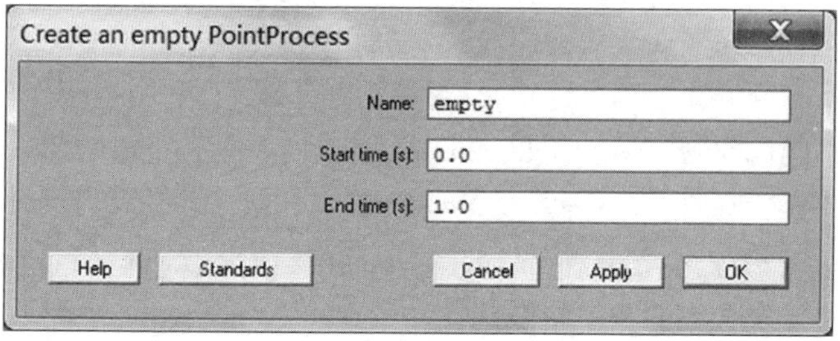

图4-1-3 创立空白的PointProcess对象

点击 OK 后就会在对象区生成一个空的 PointProcess 对象。点击 Edit,打开编辑窗口。然后把光标移动到任意一个位置,再点击菜单"Point>Add point at cursor"。完成后关闭编辑器,回到对象窗。点击右侧浮动按钮中的"Synthesize>To Sound（pulse train）..."[①],然后无需修改跳出的对话框里的参数,直接点击 OK。这样就生成了一个猝发波。

常见的声波被大致分成了三类:周期波、非周期波和猝发波。此外,在语音中无声段有时也很重要,比如停顿。无声段在声波上的体现就是一条没什么波动的横线,我们可以称之为静波。

在语音中,比如元音,一般都是乐音;清擦音,一般都是噪音;而爆发音破裂的瞬间,则会产生猝发音。当然了,因为发音器官不是精密的机器,所以实际语言中出现的声音往往不是真正意义上的周期波或者非周期波。严格来说,只能称为准周期波和准非周期波。

另外还有几种成分叠加在一起的语音。比如浊擦音,就是周期波和非周期波的叠加,或者时间先后的组合。比如爆发音,就是相继出现静波、猝发波和非周期波的组合体。

接下来的问题,我们如何来展示复合波的频率成分。在波形图上只能看到整个振幅随着时间的变化而变化,但是无法直接观察到频率的分布情况。所以我们需要利用频谱图。比如刚才我们合成的三个周期波,可以用这样的图来呈现(图 4-1-4),其中纵轴是频率成分的振幅,但横轴不再是时间而是变成了频率。这样一条竖线就可以代表一条正弦波。

如果再复杂一点,像刚才那样有两个频率成分,一个 100Hz,一个 500Hz,那么分别在对应的频率位置画两条直线就可以了(图 4-1-5)。由于纵横坐标都不是时间,所以跟波形图相反,频谱图能够显示频率成分,但不能显示时间的变化。

实际上我们也可以换一个视角看这个问题。如图 4-1-6,有

[①] 有些版本的 Praat,这个功能是在 Play 按钮里。

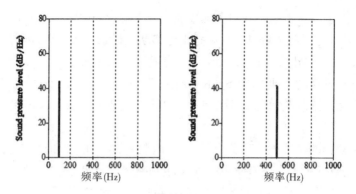

图 4-1-4　两个纯音对应的频谱图

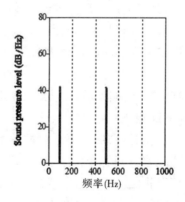

图 4-1-5　纯音叠加后的复合波的频谱图

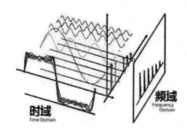

图 4-1-6　从频域和时域两个维度看声波

N条正弦波叠加,从左侧看就是它们在时间轴的叠加,从右边看就是频率上的分布。所以波形图和频谱图其实就是同一个东西的两个观察角度,一个是时域的情况,另一个体现频域的情况。

那么到底时域还是频域更能体现我们对音质的感觉呢？一些入门的语言学教材可能会说,不同音质的声音,它们的波形不同。但是这个说法反过来其实并不一定成立。比如我们前面用了几个正弦波来合成复合波。因为是正弦波,起点的振幅都是0,然后向上振动。但是实际声音中的频率成分由于各种原因,可能并不一定像正弦波那样从振幅零开始。比如图4-1-7,这两个波它的频率成分是一样的。形状也很像,只不过开始位置不一样。这种差异我们称为相位的差异。相位实际就是正弦波上不同的位置,可以用角度来量化的,一个周期为360度。图4-1-7两个200Hz的正弦波相位差了四分之一个周期,也就是差90度,其实就是右面那条变成了余弦曲线。

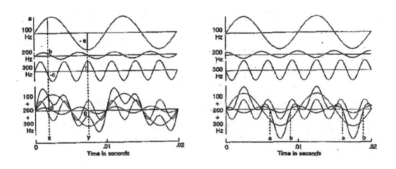

图4-1-7　相同频率和振幅,不同相位的纯音及其叠加形成的复合波(Ladefoged,1996)

所以左边那个复合波由三个谐波组成,100Hz、200Hz和300Hz,振幅各自不同。右边那个复合波同样也是由这样三个谐波组成,振幅分别与前者一样。但是最后组合出来的复合波波形是不同的。差别只是在于每个谐波的相位不同。

两个声音的波形虽然不同,但在频谱图(图4-1-8)上两个复合波是一模一样的。我们听觉上不区分这两种声音。所以,决定音质的不是波形的差异,而是频谱里边的不同的谐波成分以及谐波之间的大小数量关系。我们在分析音质的时候,大部分情况都不是看声波是什么样子的,而是看频谱的结构,即到底是由哪些谐波组成的,谐波与谐波之间的大小关系如何。

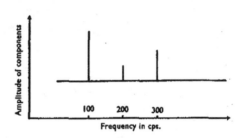

图4-1-8　以上两条复合波的频谱图(Ladefoged,1996)

周期波可以用频谱的方式来体现。噪音同样也可以用频谱图来表达。比如前面的那个白噪音,在对应频率位置画竖线,我们就可以得到这样的频谱图。不同于乐音谱线都是分离的,由于它的频率成分如此丰富,全画出来也是黑乎乎一片,所以乐音的频谱叫离散谱,噪音的频谱叫连续谱。而要了解频率成分之间的数量关系,其实只要把频谱的轮廓线画出来就可以,这样反而更清晰。比如说图4-1-9,这两个音,一个是[s],另一个是[ʃ]。我们就可以看出两者频率能量分布的位置不同。

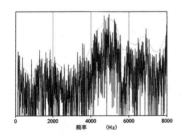 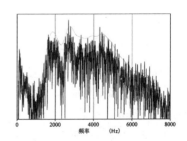

图4-1-9　擦音[s]和[ʃ]的窄带频谱及其频谱包络线

事实上，包括乐音，我们也不一定要把每条谐波都画出来，同样可以画轮廓线来表现它的特征。这种轮廓线被称为频谱包络线。我们后文将介绍的共鸣器的共鸣特征也是用包络线来表示的。

但是还有个大麻烦我们还没解决。在前文中我们很容易就制作完成了复合波的频谱图。这是因为我们是先合成若干个正弦波，然后再把这些正弦波叠加起来，最后形成一个复合波。或者说我们已经知道这个复合波有哪些频率成分，振幅分别是多少了。这样画它的频谱图自然很方便。但是在现实中，我们面临的问题正好是反过来的。我们能够直接获得的就是复合波，而这个复合波内部有什么频率成分，分别振幅又是多少，却并不知道。所以要画出复合波的频谱图，先得计算出它的频谱组成。这里面涉及很复杂的计算，不过很幸运的是，有一位著名的法国数学家——傅里叶（Baron Jean Baptiste Joseph Fourier）早已经把这个问题解决了。所以这种把复合波分解成若干正弦曲线的算法我们也称之为傅里叶变换。

在 Praat 中，可以在选择 Sound 对象后，点击左边的活动按钮"Analyse spectrum>To Spectrum..."，就会跳出一个对话框（图4-1-10）。

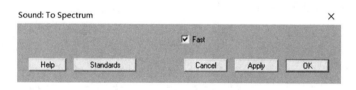

图 4-1-10　频谱测量的对话框

在这个对话框中只有一个 Fast 可以选择打钩还是去掉。如果打钩，就是快速傅里叶变换（FFT），不打钩就是离散傅里叶变换（DFT）。所谓 DFT，简单来说就是傅里叶变换本身是可以处理连续信号的，但由于计算机只能处理离散值，所以在电脑中时域信号是离散采样后再变换成离散的频域信号的。而加了 Fast 就是在 DFT 基础上的简化快速算法，所以叫做 FFT。FFT 可以比 DFT 的运算量减少几个数量级。所以早期语音分析软件大多采用快速傅里叶变换来提取频谱。现在由于计算机性能的提高,如果不是做大规模的分析,无论离散傅里叶变换还是快速傅里叶变换都可以。对于我们来说,是否采用快速傅里叶变换无所谓。这里我们就不把对话框中的 Fast 复选框点掉,直接使用它的默认设置,点击 OK。

傅里叶变换也不会无穷尽地提取正弦成分。它的提取上限取决于声音的采样频率。根据 Nyquist 原理,我们最高能获得采样频率一半的信息。如果是 10000Hz 的采样频率,我们最高能了解到 5000Hz 的信息。因此,傅里叶变换也是算到 5000Hz 为止。

4.2 利用频谱降噪

取得复合波频谱可以有很多用处。比如后面我们会重点讲的分析声音的音质,就主要依靠频谱和语图。另外还有一个重要的工作就是滤波。这里介绍去除噪音的滤波。我们日常录音中都不可避免有噪音,尤其在没有专业录音场所和专业录音设备的情况下,噪音尤为严重。这样的录音,用来听一下作为参考可能问题不大,如果要进行声学分析的话,很容易提取不出准确的参数来。因此我们需要在分析之前,先把噪音去除掉。

常见的噪音有两类,一类是突发的,或者不断变化的。比如录音的时候忽然旁边的人打了个喷嚏。像这类噪音,一般技术手段也很难去除,只能在录音的时候尽量规避这样的噪音。而另一类噪音则如图 4-2-1,语图背景都是灰蒙蒙的,明显有很多背景噪音,但背景色调没什么变化,说明噪音一直非常稳定。像这类噪音就很容易通过计算噪音的频谱特征的办法去除掉。我们知道,两个波如果正好是反相的,两者叠加的结果就会互相抵消,变成无声。所以我们只需在声波文件找左右两侧只有噪音的位置截一段,计算这一段噪音的频谱。然后,反相处理后叠加到整个波形上,就可以把这个稳定的噪音去除了。Praat 里也内置了这种去噪功能。具体操作步骤为选中 Sound 对象后,点击右侧浮动按钮"Filter>Reduce noise...",然后会跳出一个对话框,一般情况我们都直接使用默认设置。这时在对象窗口中会出现一个新的 Sound 对象。打开后发现新的声音的语图背景干净很多,这说明大部分噪音都被去除了(图 4-2-2)。

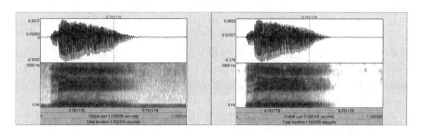

图 4-2-1　声音降噪前　　　　图 4-2-2　声音降噪后

需要注意的是,这是一种有损过滤,毕竟噪音也不可能完全一成不变。以这种方法也做不到把噪音完全过滤掉,甚至有可能把某些有用的信号过滤掉。所以一般情况下尽量不要采用这种方法,还是应该努力在录音的时候就把所有可能的噪音源头去掉。

接下来很多人可能面临的一个问题是,在田野录音的时候往往一个汉字或者一个词就是一个录音文件。这样就有很多声音文件需要降噪。要是手动地一个一个降噪,那就非常辛苦了。当然,会用脚本就可以方便一点,利用脚本自动一个个读入分别降噪。但是这样做可能还是存在一个问题,因为每个声音文件都很短,里面的噪音信息并不完全一致,也就造成不同声音文件的降噪参数也不完全一样。由于录音是同一批的,理论上它的背景噪音情况是一样的。所以更好的办法其实是先把所有的声音合并在一起成为一个大文件,然后统一一次性降噪。降噪完成之后,再把文件拆分开来。

拼接声音文件有个前提,就是所有声音的采样率都必须一样,否则就会报错。因为是同一批的录音文件,不会存在采样率不同的问题。如果是不同来源的声音文件,出现了采样率不同而不能合并的错误,就应该先用前文介绍的方法来修改采样率。

点击 OK 之后，就出现了一个新的 Sound 对象。然后我们就可以对它降噪了。不过这样合并有个缺点，再把它重新切分比较麻烦。这个大声音文件本身就是小文件合并后的结果，界限本来知道的，那么有没有可能让软件自动拆分呢？我们之前介绍过拼接对象的两种办法，其中第二种同时全生成两个新对象。上面一个是和刚才一样的 Sound 对象，下面那个是个 TextGrid 对象。这是我们到后面会重点讲的文本标注。这里我们先初步认识一下它。这个对象可以单独打开，里面分成三段，每段还有文字标注。这些标注就是直接用了前面几个 Sound 对象的对象名。段与段的分界线直接来自各个 Sound 对象的边界。不过 TextGrid 对象更多不是单独打开，而是和同名的 Sound 对象同时选中后合并打开。操作方式跟打开单独对象一样。打开后的情况如图 4-2-3 所示。

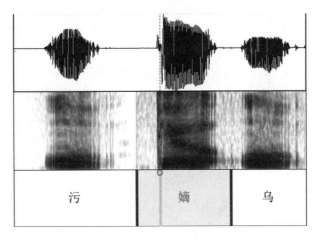

图 4-2-3　标注示例

这其实就是 Sound 编辑窗口和 TextGrid 编辑窗口的合并。这样的新窗，仍然是 TextGrid 编辑窗。两种窗口中的所有操作都可以使用。我们可以看见各个标注段和上面的声波很好地对应。后文详细讲文件标注的时候，我们再介绍如何操作。这里我们先关闭编辑窗，回到对象窗。那么如何切分大文件呢？我们可以发现同时选中两个对象对应的浮动按钮中有一个叫 Extract,点击其中的"Extract all intervals..."，出现一个对话框。因为我们只有一层标注,不用修改参数直接点击 OK 就可以利用标注文件,直接把大声音切出三个 Sound 对象。这样就无需用人工听辨的方式切分。不过这种做法的缺点是切出来的 Sound 对象没有自动存盘,还需要手工存盘。所以只适用切分少量文件的情况。如果声音文件非常多,那么则需要在 TextGrid 的基础上再写一个自动存盘的脚本。

4.3 语图

频谱图有个问题,它只体现频域的情况,不能体现时域的情况。而语音非但不是一直不变的,反而是一个随着时间不断变化的动态现象。而能够体现时间变化的波形图,又无法很好地反映声音的特征。那么有没有能把频域和时域的优点同时体现出来的办法呢？一个办法就是不对整个声音进行频谱分析,而是把这个声音切成很多小片后再分析。比如说本来是 1s 的声音,不是直接分析整个声音文件的频谱,而是把它切成 50 个片段,每一片只有 20ms。接下来就可以分析每一个声音片段的频谱。这样我们就可以得到 50 个连续的频谱。如何展示这些频谱呢？最简单的方法就是按顺序一张张地把频谱罗列出来。但是这样做的缺点就是前后频谱之间的联系不容易体现。换一种方法,把这些频谱图重叠起来,每一张都向一个方向,比如右上方错开一点。这样我们就可以得到一个所有频谱图叠加在一起的图,横轴依然是频率,纵轴依然是振幅,只是多了一个斜轴,代表时间。这样的图有个专门名称,叫做瀑布图(图 4-3-1)。

瀑布图看上去像三维的地形图。它既可以反映声波在某一个时间瞬间内部有哪些频率成分以及彼此振幅的大小关系,也同时可以看到随着时间的变化,频率成分的山峰变成山谷,又从山谷变成山峰。但是瀑布图也有一个很大的缺点。如果左下部分或者说声音的开始阶段整体振幅偏低,往右上方向去,声音振幅整体都提高了,这

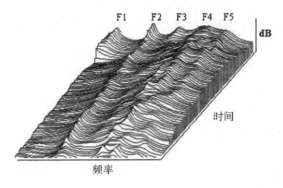

图 4-3-1 瀑布图示例

样声音的前中部分都可以清晰看见。但是继续往右上方向,后面的声音又开始变弱了,前面的高峰就会把后面声音的频率情况都遮住。虽然在电脑上,我们可以通过旋转坐标轴的方式来查看,但是印在平面的纸张上就不可能做到这一点了。所以瀑布图虽然可以同时体现出时间、振幅和频率三个参数来,但使用起来并不够方便。替代方式是采用与地理中的地形图一样的表示方法。地形图也是平面图,除了反映经纬度以外,还要反映地面上的山川高低乃至水域的深浅。那怎么能够体现出第三维的高度?是用颜色来体现的。先用不同颜色表示不同地形,比如平原用绿色,水域用蓝色。而颜色的深浅表示海拔,比如越浅的绿色代表海拔越高,越深的绿色代表海拔越低。同样道理,如果把瀑布图只保留频率和时间两个维度,振幅大小就可以用灰度来表示。语音学上一般选择灰度越浅代表振幅越低,灰度越高代表振幅越大。当然反过来表示其实也没问题,这只是一个习惯而已。如图 4-3-2 就相当于我们用俯视的方式来看瀑布图,纵轴变成频率,横轴是时间,而灰度表示振幅。这样的图,我们称为语图(Spectrogram)或者三维频谱图。语图实际上就是结合了时域图和频域图两种图的优点。

在 Praat 中,要获得特定声音的频谱图和语图都可以选择该 Sound 对象后,先点击"Spectrum"按钮。如果接下来选择"To spec-

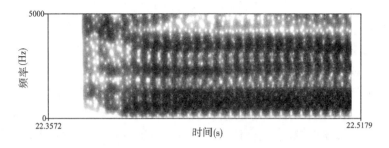

图 4-3-2 语图示例

trum…",那么就生成了一个 Spectrum(频谱)对象,它是整个声音的频率情况。可以点击该对象后打开它。由于频谱图是没有时间维度的,所以同时显示的频率成分可能出现的时间是有先后的。选择"To spectrogram…",会弹出如图 4-3-3 这样的对话框,我们暂时不用修改设定,直接点 OK,会生成一个 Spectrogram(语图)对象。我们可以选择后点击 View 打开。

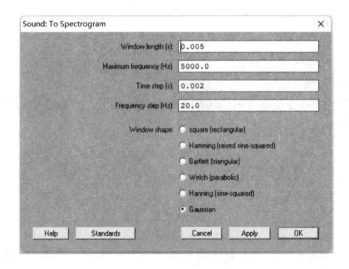

图 4-3-3 语图设置窗口

接下来的一个问题就是语图在生成的时候是如何对这个声音进行切片的。这就需要了解一个很重要的概念。为了体现语音在时间中的变化,测量的时候不是把声波整体来做一下它的频谱,而是要把它切成若干段再分析。比如图4-3-4左上是很复杂的波,要测量的时候,不是把整个波都测量,只是测量中间切出来的一段。换个角度说,就是这段声波的两侧看不见,只看见它本身,好像有一个窗子一样。事实上,我们把这种切法称为窗(Window)。窗的一个特征是窗的宽度,也就是这个窗占据的时长,我们称为窗长(Window Size)。有时也把一个窗称为一帧(Frame),窗长也就可以称为帧长。由于测量是要把声音切出很多段,那么测量了第一个窗之后,第二个窗从哪儿开始呢?假如第一次的窗起点是在A点,终点在B点。下一个窗就以它的终点B点为起点,再下一个窗继续以前一个窗的终点为起点。这样一直继续下去,当然是一种处理办法。但是同样也可以下一个窗不是从B点开始,而是从早于或晚于B点的位置开始。就是说下一次的起点并不一定要是上一次的终点,可以只比A点推后一点点,也可以距离A点很远,而窗的长度维持不变。也就是说每次窗推移的距离跟这个窗长是没关系的。这种距离有个名称,叫做步长。

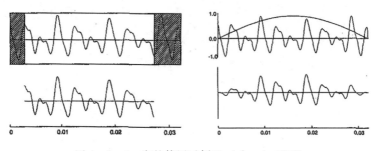

图4-3-4 窗的使用示例(Ladefoged,1996)

当我们把一段波形直接切出来,这样的波形有一个很大的缺点,就是它的起点一般不是从振幅为零开始的,终点振幅往往也不会变为零(图4-3-4左下)。事实上,随便截取一段波,起点和终点都为零反而是不常见的。因为切出来的波开始和结尾都不是零,其实意味着给这段波的频谱里加了一些内容。前面解释波的分类提到有一种特殊的波叫猝发波。这种波的特征就是瞬间出现,瞬间消失。截取的波形两端不为零,相当于加了两个猝发波。如果给猝发波做语图,就可以发现猝发波实际上包含了丰富的频率成分。因此,就需要避免这样的情况。所以,在测量之前,需要对切出来的波形做一定的处理。最常见的处理就是波形两端尽量削弱,中间不削弱。这样原始的波形就变成了如图4-3-4右下那样的波。这样处理之后反而能够更好地体现原始波的频谱特征。就波形本身而言,这么处理相当于给原始波上叠加了一个特定的形状(图4-3-4右上)。我们就把这种处理方法称为窗的形状。窗的形状有很多种,常见的有高斯窗、海明窗等。相应地,原始直接切出来的波形而不作任何处理叫做使用矩形窗。这一定程度上可以理解成照镜子,矩形窗就相当于平面镜,原始什么样,切出来还是什么样。而其他类型的窗相当于不同类型的哈哈镜,都会把特定位置放大或者缩小。

在Praat中,我们可以手动选择窗的形状。比如在Sound编辑窗口,可以点击"File>Extract selected sound (windowed)…",就会出现对话框(图4-3-5)。其中第二个选择按钮Window shape就是用来选择提取声波的时候预先加窗的形状的。

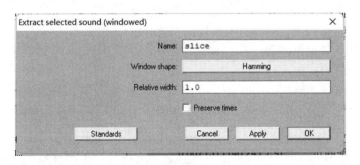

图4-3-5 用窗来提取声音的对话框

Praat 在测量很多参数的时候，都需要提前使用窗，只是大部分时候不需要使用者专门设置，测量程序就直接在后台对截出来的波形先做一个窗的操作，然后再提取参数。由于后台运算速度很快，很多初学者往往感觉不到有这样的预处理。

在 Praat 中，傅里叶变换的基本流程就是，比如说有一个采样率是 10000Hz 的声音，测量的时候加窗，每次取 256 个点进行计算，那么窗长就是 25.6ms。这个窗能容纳最低频率的正弦波，我们只需要做一个倒数运算就可以知道，是 39Hz。所以，傅里叶变化的第一步计算，就是从 39Hz 起步的，测量在 39Hz 为中心，上下各 20Hz 左右的范围内是否有正弦波能量存在。接下来就开始乘以整数系数，继续计算 2 倍(78Hz)、3 倍(117Hz)……这样一直算到要超过 Nyquist 频率为止。因为每次测量都是以 39Hz 作为单位的，我们就把这个 39Hz 称为当前的频率成分间隔。

这就是计算机测量复合波频率成分的基本方法。由以上的算法，我们可以发现，采样频率、窗长、测量带宽、测量间距等几个参量之间存在一定的数量关系。其中窗长既可以用时间作为单位，也可以用样点数作为单位。测量的频率成分之间的距离，等价于每次测量的频率宽度，所以还有个名称，叫做带宽(Band Width)。

如果采样的频率是 20000Hz，那么可以测量到的频率上限是 10000Hz。测量的窗口长度设置为 1024 个点，对应的时间长度就是 1024 点/20000 点×1000ms＝51.2ms。而 51.2ms 中可以出现的最低频率就是 1000ms/51.2ms，差不多 20Hz。或者说当前的测量带宽为 20Hz。

而同样如果用 10000Hz 作为采样频率，那么可以测量到的频率上限是 5000Hz。如果仍以 1024 个点作为一个测量窗，测量窗的时长为 1024 点/10000 点×1000ms＝102.4ms。窗长比刚才长。这是因为采样频率变低了，也就是样点之间变得稀疏了。要容纳相同多的点，窗口就必然拉长。由此对应的带宽就变成 1000ms/102.4ms，差不多只有 10Hz，变窄了。

从以上计算过程，我们可以发现，带宽的宽窄同时取决于采样频率和窗内包含的点数。在给定采样频率的情况下，窗里的点数越多，带宽就越窄。但是相同的点数，采样频率不同，测量的带宽也会不同。在一些语音软件的设置中，设置测量带宽是用点数作为单位的。使用的时候一定要注意要根据声音文件的采样频率来调整。而如果用时间作为测量窗口的单位，在窗口时长确定的情况下，采样频率越高，测量点数也会相应越多。不论采样频率如何设置，窗长的时间确定了，测量带宽也就不会变，不会因为采样频率而改变。在 Praat 里，测量窗长一般都是以时间作为单位的。最常用的两个窗长值，一个是 0.05ms，另一个是 0.25ms。前者是宽带测量，后者是窄带测量。

在前文已经介绍了直接可以在对象窗口对声音做傅里叶变换，这样会得到一个 Spectrum 对象。但这个对象实际上是对整个声音做的频谱，它是一个窄带频谱，由于包含了整个声音的时长，因此它的带宽是非常窄的。大家有兴趣的话可以利用前面讲的公式算一下实际带宽是多少。如果放大局部看，我们可以看到里面是一根根竖线，这也说明它的频域分辨率是非常高的。

但是这样的频谱对于我们研究语音来说用处不大，因为它不能反映声音的变化，而是把整个时间过程都叠加在同一平面上了。声音是一个不断变化的过程，从这个频谱图上是无法知道各个频率成分分别是什么时候出现的。而要了解具体某个时间点的频率分布情况，就需要在声波上切出一段来分析。

在声音编辑窗口中可以直接点击菜单"Spctrum＞View special slice"。这个菜单项就是可以提取当前选中声波段的频谱。点击后，在对象窗口出现了一个新的 Spectrum 对象。用 Edit 打开，如果只选取了一小段声波，那么里面的频谱就不是一条条竖线，而几乎就只是一条轮廓线。选取的声波越短，结果就越接近轮廓线。实际上这就是宽带频谱图。而要得到窄带频谱，则选取声波要长一点。

除了截取一段声波后提取频谱外，仅仅把光标移动到某个时间点,我们同样可以用 View spectral slice 的方法提取频谱。有的时候我们会笼统地说这是某某时间点的频谱。但是单独一个时间点是不可能提取频谱的,要做频谱就必然是截取一段声波。实际上这个频谱是以当前时间点为中心的一段声音的频谱。至于这段声音的时长有多长,取决于我们当前这个语图的设置。比如前文显示的语图都是宽带语图,那么就会提取出一个相同带宽的频谱。这个带宽设置是在菜单 Spectrum 下面有个"Spectrogram settings…",点击后会跳出一个对话框(图 4-3-6)。

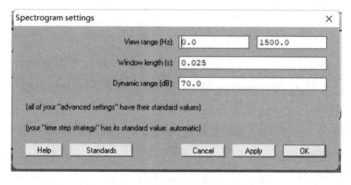

图 4-3-6 语图基本测量参数设置

View range 是控制语图显示范围的频率上限,对测量没有作用,我们这里暂时可以不管。大多时候我们都是看 0~5000Hz。我们主要需要调整的设置是第二行的窗长。默认窗长是 0.005s,也就是 5ms。5ms 是比较常用的宽带设置。因为多数情况下看语图主要是看宽带语图,所以这个数字被设置成了语图的默认参数。如果已经改变了,可以点击底下的 Standards 复原原始设置。如果把数字改成 0.02 或者更大,那编辑窗口中的语图就变成了窄带语图。

直观来看,宽带语图和窄带语图最大的区别是,宽带语图都是明暗交错的竖线,而窄带语图往往是横向的条纹。宽带语图中明暗交错的竖线一般情况就直接对应了一个个声门脉冲;而窄带语图上的横向条纹则是谐波。因为宽带分析每一次取的时间片段都很短,相应频率分析的精度就很差,自然无法显示出谐波,但同时正是因为时间精度很高,所以能够直接显示出声门脉冲的振动周期。其实也可以根据这些竖线的密集程度来推测基频的高低。越密集说明频率越高,越稀疏说明频率越低。窄带语图则正相反,由于测量的窗长很长,因此无法很好地显示短时间的声波变化。但是它的频率分辨率很高。出现的平行横向条纹,实际上就是一条条谐波。我们可以直接根据谐波的位置来判定当前的基频值。图4-3-7就是这两个不同参数的结果。

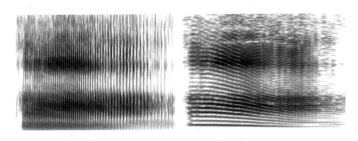

图4-3-7 宽带语图(左)和窄带语图(右)

在设置对话框中,除了窗长,其他参数修改对测量结果没什么影响,一般可以不做调整。不过其中的动态范围对观察语图有比较大的作用,有时候也需要根据情况进行调整。什么是动态范围呢?简单来说,语图是用灰度来显示振幅。最简单的情况就是把振幅值与灰度值一一对应。但是实际灰度显示只有256个级别,而振幅的数字范围远远大于256(当然,即便灰度的级别数量与振幅范围一样,人眼也无法分辨出这么细微的差别来)。因此,我们必须控制振幅的显示范围。过于微弱的振幅,对于研究来说,可能无关紧要,完全可以忽略。所谓动态范围其实就是选择要显示的振幅范围,它的单位是dB,意思是测量声波中可显示的最小振幅与最大振幅之间的差。选择的动态范围越大,那么很微弱的振幅也能显示在语图中,但是由于256这个数字的限制,就造成显示范围内的振幅差异比较模糊。反过来,如果选择比较小的动态范围,那么小一点的振幅都被忽略了,但是动态范围内部的灰度差别就会突显出来,有利于我们抓取一些特征值。

以图4-3-8为例,在波形图上我们可以看到,在音节两侧的无声段并不是真正的无声,还是有很多背景噪音造成的波动。图4-3-8左的动态范围是70dB。语图对应于无声段的部分仍然有很多灰色的条纹,这就是噪音的特征。而图4-3-8右的动态范围是50dB,无声段部分就是一片白色。因为噪音成分的振幅已经小于显示的动态下限了。随之而来,在时间点0.996(虚线光标位置)的竖直黑线与音节主体部分之间,左图中可以显示有一些与背景噪音不同的成分存在,而在右图对应位置中就很难观察到。反过来,在声音主体部分右图强弱分布就很清晰,而左图比较模糊。所以在实际观察的时候,要根据需要来调整动态范围。当然,这只是显示差别,对于提取参数并没有影响。不同动态范围的语图灰度深浅是无法直接比较的,我们一般比较单一语图内部的灰度差别。

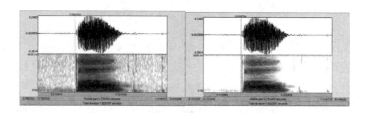

图4-3-8 动态范围不同的两个语图

相同灰度就意味着有相似的振幅,灰度越深就意味着振幅越大。但是实际这样处理还是会面临一个麻烦的问题。我们可以先做一个实验,合成10个振幅相同、初始频率为800Hz,后面每个声音都比前一个声音高800Hz的声音。

```
for i to 10
    pinlv = 800 * i
    Create Sound from formula... sine 1 0 0.2 44100 1/2* sin(2* pi* pinlv* x)
endfor
```

我们可以全选这些声音,然后点击 Concatenate 把它们合并成一个 Sound 对象,在编辑窗口打开。

我们可以发现虽然这些声音的振幅是一样的,但是其灰度越往高频就越深(图 4-3-9)。这是因为语音有一个自然特征,越到高频,其振幅就越低。如果不同的频率段采用相同的振幅灰度对应关系,那么结果就是低频区灰度很深,而中高频区都接近白色。实际上中高频区也有很多重要的信息,而且我们的耳朵也对中频区更敏感。因此,实际做语图的时候还需要做一个预处理,对中高频的振幅先进行提升(预加重 Pre-emphasis)。这样的语图才能更好地显示不同频区的情况。当然,这一步是软件自动完成的,在基本设置里无需修改。需要注意的是,不能简单地根据语图里面的深浅来说哪个地方振幅更高,哪个地方振幅没那么高。中高频与低频区同样的灰度其实代表的振幅并不一样。

图 4-3-9　相同振幅在不同频域的在阶差别

第 5 章　如何进行声调分析

谈到声调分析,很多人马上会想到音高。音高跟语言中的很多范畴,尤其是声调、语调这两个范畴有密切关系,因此音高研究也是语音学研究的一个重点。音高还有一个好处是测量比较简单,涉及的参数基本就是单纯的基频。国内的实验语音学研究,以声调和语调相关研究最为丰富。

声学中的音高(Pitch)测量严格来说其实不应该叫音高测量,应该叫做基频(Fundamental Frequency)测量。在前面,我们已经辨析了这两个术语,基频才是声音的物理值,而音高是主观物理量,是人对基频的一种感觉。不过,如果不是有专门目的,很多语音研究并不严格区分这两个术语,两者经常可以互换。本书如非必要,后文也不会严格区分这两个术语。

就声调研究而言,是不能把它等同于音高研究的,只能说音高往往是声调最重要的声学参数,除此之外还有时长、振幅,乃至发声态都与声调有密切关系。

5.1　声调与音高

在语言中,音高主要对两种语音现象作用非常重要。一个是语调。这是世界上所有语言都有的,比如说"This is the book.""Is this a book?"两句话的语调就不同。一听就听得出来,"This is a book"是降调,"Is this a book"是一个升调。汉语其实也是一样。"这是书吗?""这是书啊。"同样也是一个升调,一个降调。不过语调研究比较复杂,本书暂不多讨论。

还有一个现象在欧美语言中很少见,但是在东亚以及非洲有些语言中是很常见的,就是我们的声调。比如四个字"妈麻马骂",它们声母韵母都是一样的,但是它们的音高走势是不一样的。在英语里同一个词也可以用升调或者降调来念,但是始终是同一个词。而 ma 用了升调就是"麻",用了降调就是"骂",变成不同的字了。

在 Praat 中,要做音高测量非常简单。打开 Sound 对象,在编辑窗口中就可以直接看到基频曲线。一般是一条蓝色的曲线。如果没有这条曲线,可以点击菜单中的"Pitch>Show pitch"在 Show pitch 前打上√来显示。这条蓝线是 Praat 自动测量出来的,但不一定准,有时需要调整一下测量的参数。

在 Pitch setting 里,可以设置测量的范围,这个范围一般同时也是音高的显示范围(图5-1-1)。默认参数的音高设置范围是 75~500Hz。我们可以根据需要修改这个范围,比如改成 60~240Hz。点击 OK,就可以看到声音编辑窗口下半部分的声学结果区右侧的标尺(图5-1-2)也显示为 60~240Hz。需要指出的是,声学结果区两侧的标尺是不同的,左侧是语图的频率范围,常见为 0~5000Hz。光标十字线的横线在语图上的位置数据会显示在左侧,与右侧无关。当移动光标到蓝色曲线上,右侧会显示出当前曲线与光

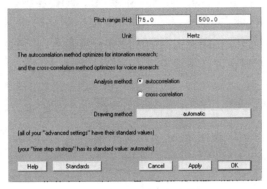

图5-1-1 音高设置对话框

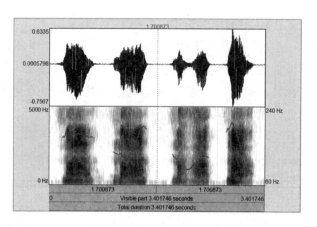

图 5-1-2 音高参数重设后的声音编辑窗口

标竖线相交位置的音高值。在这个区域也可以拖动鼠标来选择一段曲线。这时右侧显示的数字是当前曲线选择段的平均音高值。

默认的这个音高测量和显示范围适用性比较宽,但是不利于我们观察音高曲线。如果标尺设置得范围过大,可以看见整个音高曲线平平地位于音高区域的底部,但实际上这是一个降调。因为很多男性发音人的音高范围远远小于这个默认范围,所以这么宽的显示范围就会把其中的起伏给弱化了。另外,如果录音质量不够好,用默认参数得到的音高曲线也很容易出错。所以,在需要的时候,应该调整音高设置范围。比如男子的音高范围往往在 70~250Hz,而女子的音高范围可能在 150~350Hz。可以根据不同的性别分别设置不同的参数。当然,实际上音高的人际差异也很大,要测量和显示更合理,可能需要每个发音人都设置不同的参数,只是这么处理就比较麻烦。在不用脚本的时候,一般主要根据性别来设置两种参数。

图 5-1-3 显示的是用普通话念的四个声调的音高曲线,发音字分别是"妈麻马骂"。我们可以看到这几个音节的音高曲线的走势基本上跟这几个音节的拼音调号很相似。事实上,调号设计就是参考了声调的音高分析结果。类似普通话,每个音节都有一个固定的音高模式,可以像辅音元音一样区分作用的语言叫做声调语言。

世界上的声调语言很多，大致可以分成两类。一类主要是靠音高的高度来区分，比如很多非洲语言。这些语言的声调，我们称之为音高型声调。而像我们汉语的各个方言的声调则属于另一种类型，起到区别音节作用的不光是音高，还有音高曲线的形状，这类声调可以叫做旋律型声调。

我们描写汉语声调采用的是五度标调法。但一般方言调查的时候，声调的五度值主要依靠主观的听觉印象来确定。现在有了录音设备和声学分析软件，自然也希望能够通过基频测量来更加客观、准确地描写声调音高。但是，实际研究中有了基频曲线，也还不能直接转化为五度值描写。比如普通话的四声，用教科书里的五度值描写，就是阴平55、阳平35、上声214和去声51。但是观察图5-1-3这个音高曲线，就会发现很多与这种描写并不完全一样的地方。比如去声的开始部分，五度值里描写为5，但是它明明比阴平整个曲线都要高。这是因为五度值是一种离散化的音位性描写，而基频曲线上却能得到连续变化的音高值。如何把连续值转化成离散的五度，这是一个需要解决的问题。

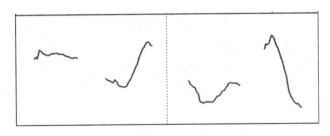

图5-1-3 普通话四声的音高曲线

除此之外，我们还可以发现这几个音节的曲线走势也不完全像描写的那个样子。比如说其中的阳平，根据五度值的描写，是一个上升调，那么对应的基频曲线，显然也应该是一条上升曲线。但是我们实际上可以看到阳平的音高曲线除了有上升段之外，前面还有一段先下降的部分。如果拉开来看，可能感觉更像是条降升曲线，倒是跟上声有点像了。事实上在普通话中,阳平和上声这两个声调确实很容易混淆。那么是否是教科书里的描写错了呢？当然不是。因为教科书里是一种更接近音位描写的方式,需要描写出一个声调的关键特征来。但是接下来的问题就是,怎么能够确定基频曲线的关键部分呢？也许根据教科书,我们知道普通话的阳平是升调,所以可以忽略前面的部分。但是如果面对的是一个从没调查过的方言,如何判断这样的曲线是上升调还是曲折调,这同样也是需要解决的问题。不过在此之前,我们先了解一下计算机测量音高的原理。

5.2　音高测量

计算机是如何来测算基频的？可以先想一下,我们是如何通过观察判断一个声波的基频的。

如果只看声波,用眼睛来判断,其实方法就是找出声波的周期。因为基频就是周期的例数。如图5-2-1,我们很容易判断声波的周期。把其中一段放大,我们肉眼就可以确定AB两个峰值点正好隔了一个周期。当我们在Praat中拖动鼠标来选择这段周期,在声波图上方,对应选中段就出现了一个横段,显示选中段的时长为0.007131s,也就是差不多7.1ms。直接把这个数字变倒数,就得到当前周期的基频是140Hz。Praat其实做得很友好,如果把这一段继续放大来看,时长值后面还会出现一个括号,显示当前对应的基频值为

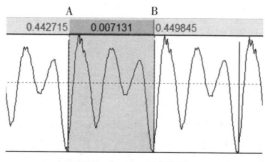

图5-2-1　周期标注

140.241Hz/s。所以通过手工操作,是很容易算出基频值的。

其实 Praat 测量基频的基础方法跟我们手工操作的方法差不多,也是通过周期来测算的。但是对于电脑来说,它怎么能够知道哪个是一个周期？下面我们就来了解一下这个测量的基本算法。这种算法有个名称,叫做自相关算法。

什么是自相关算法呢？图 5-2-2 左上显示了一个复合波的一部分。我们也同时通过标注,标出了一个个周期。图中有 3 个周期。

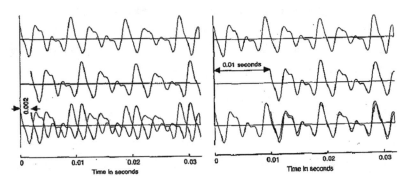

图 5-2-2　自相关算法示意图(Ladefoged,1996)

现在我们先截取这一段波,然后再复制这个波,在前面加上一小段空白,或者说相当于把这个波往后移了一小段。接下来就可以计算两个波重叠部分每两个对应点的振幅差。很显然这个差值有的时候大,有的时候小。当算出所有对应点的差值后,就把结果取绝对值后求和再平均。接下来,就可以把新的曲线继续往后退,然后就又可以计算一次对应点差值绝对值的均值。

再次继续这样的计算,每次都能得到一个均值。可以想象一下,这个均值最小会是多少呢？很显然,当曲线开头移到相当于上面曲线的下一个对应周期的时候,两条曲线的重叠部分就非常相似了。由此得到的均值也就是最小的。如果把差值均值作为纵轴,每次与上一条曲线错开的时长作为横轴,那么很显然,差值曲线上最小值对应的时间就是一个周期的时长。

这就是电脑测量基频值的一个最基本的算法，我们称之为自相关算法。当然，这只是算法的最基本思想，具体软件里还有更复杂的设计，这里就不展开介绍了。

但是如果完全用软件设定了固定参数来测量音高也有一些问题。比较常见的问题有这么几个。一是它测到的音高值可能是实际的一半。就以刚才那个声波为例，可以想象，如果复制移动的曲线移到原来曲线两个周期的对应位置，最后得到的重叠部分的差值均值同样会很小。如果这个数值比移过单个周期的差值小了，那么程序很容易把两个周期的时长当成一个周期。这样自然最后得到的音高值会减半。另一种情况则正相反，测到的音高是实际的两倍。这是因为有部分声波在一个周期里有两个比较相似的峰，这样程序也可能把这两个峰当成了两个周期，得到的结果自然就翻倍。根据统计，只要用固定参数来自动提取音高，这种错误是很难避免的。比如说做一个比较大型的语料库研究，自动算的话，错误比率可能可以高达30%，可见完全用自动算是不可靠的。合理地设置音高测量范围，能够有效地减少这类错误发生。

5.3 测量参数的调整

除了上述两种情况以外，还有一些其他问题，比如说录音质量不佳、出现了特殊的发声态也都会影响音高提取。所以我们需要完成这几方面工作：

首先，我们需要判断测量得到的音高值是否准确。

有很多办法可以用来判断是否准确，比如说，可以根据音高曲线的形态来看。根据我们的调查经验，有这么几个常见的错误。

第一种叫做跳点。如图5-3-1A的蓝色音高线。本来曲线是逐渐上升的，但是在音节后半截音高值忽然翻倍。一般来说，发音时声调是很少会出现音高突变的。如果出现了这类断层式的音高变化，那往往意味着计算时出错了。

第二种叫做断点。如图5-3-1B,音高曲线中间有一段消失了,或者也可能音高曲线的前端或者后端少了一段(图5-3-1C),而上面对应的声波显示音节还没结束。

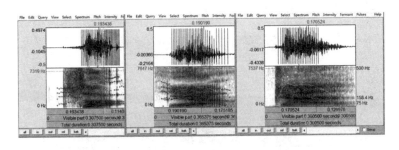

A　　　　　　　　　B　　　　　　　　　C

图5-3-1　音高提取错误的不同类型(熊子瑜,2004)

总之有个基本原则,就是音高曲线应该尽量是顺滑、贯穿元音的曲线。只要不是这样的情形,就可能是出错了。当然,也并不是说肯定错了,在一些特殊发声态里,音高曲线可能就不是这样的曲线。

所以我们还需要进一步观察。观察的方法有两种。如果只有一两处感觉音高值不对,可以采用前面介绍的方法,直接把对应的部分放大,手动选择周期。这样就可以直接得到该位置的音高值。而如果对整个音高曲线都有所怀疑,那么可以对照窄带语图。

下面介绍一下怎么利用语图。首先需要在语图设置里面调整一下(图5-3-2)。要改的是两个地方。一个是显示范围,如果估计

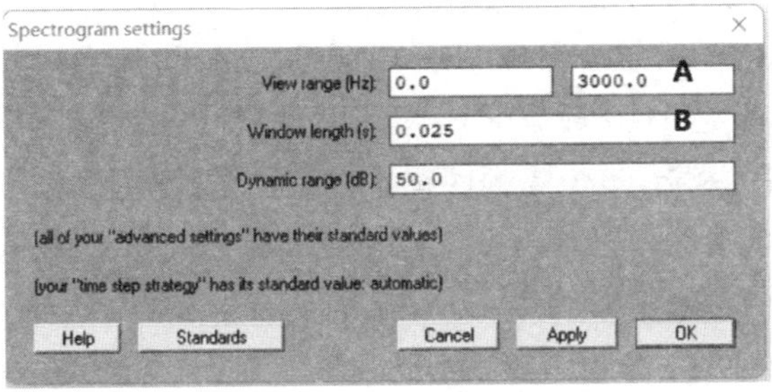

图5-3-2　语图设置

音高范围在 300Hz 以内,那么语图的显示范围可以把这个数字乘以 10,在 A 处输入 3000,这样方便我们观察。另一个是 B 处的窗长,需要确保设置成窄带语图需要的参数,一般可以填 0.025 或者更大。参数设置结束,点击 OK,语图也就相应变成了窄带语图(图 5-3-3)。

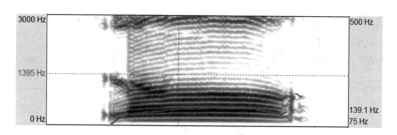

图 5-3-3　窄带语图测量音高示例

根据之前对音高的定义,复合波基频跟第一谐波(H1)一般情况下是一样的。所以直接在语图上观察测量 H1 就可以了。但是 H1 太低了,手动测量很难测准。为了减少误差,同时观察起来更方便一些,实际并不直接测量 H1,而是观察测量 H10。比如图 5-3-3 中光标十字已经放在 H10 的中心上,从语图左侧标尺上,获得的读数是 1395Hz,除以 10,那么当前位置的音高值应该是 139.5Hz。而根据右侧标尺,可以看到实际光标与音高曲线相交处的数值是 139.1Hz。也就是说结果误差不到 1Hz。因为测量的是 H10,所以实际读数的误差不到 10Hz。从这一点也可以发现,直接测量 H1 的话,误差会大于 10Hz,有点误差过大。

当然,有的时候会出现 H10 不清楚的情况,那么用其他高次谐波也可以,只是 H10 最方便计算,退一位就可以求出实际基频值。如果碰到有些声音整个高频区都不是很清楚,也可以把当前位置的频谱通过点击菜单"Spectrum＞View spectral slice"提取到对象窗口。然后在对象窗口利用 Edit,把这个新生成的 Spectrum 对象打开,就可以看到一个个谐波。把光标移动到 H1 的峰顶,就可以看到对应的频率值。

同样，也可以通过谐波的整体形态来判断整个基频曲线提取得是否准确。

不过确认提取结果是否准确只是第一步。如果结果只是零星一两个点错了，手动测量一下就可以解决。但如果错得比较多，就需要想办法调整测量参数来获得准确的结果了。

同样在菜单 Pitch 下面，除了普通的 Pitch settings 之外，还有一个 Advanced settings。点击后出现一个参数设置窗口（图 5-3-4）。

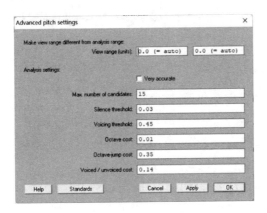

图 5-3-4　进阶音高测量设置

在这个窗口中，可以调整的参数就比图 5-1-1 多许多。一般主要修改下面这几个参数。

第一个是静音阈值（Silence threshold），这个参数是调节静音的阈值。软件测量的时候需要知道声波哪一段是静音的，哪一段有声音。有时测量的时候音高曲线会跟音节结尾没有对齐，或者短了一截，或者长了一截。因为我们眼睛看上去是静音的部分，实际上只要放大了，总能看到有起伏，所谓的无声只是相对而言的。所以需要给程序一个判断静音的数值标准。如果标准设置不合适，那么很可能把应该测量的音高段忽略了，或者反过来还测量了无须测量的部分。这个参数的数值越大，程序认为的静音段就会越多；反之，数值越小，则判定的静音段越短。假如音高曲线还没到音节尾就没了，那么很可能需要把这个参数改小。需要说明的是,这个参数以及下面介绍的几个参数,只须根据默认值来调整相对大小,无须理会具体值的含义。

第二个就是浊音阈值(Voice threshold),这个参数是用来判断非静音段内部清音和浊音的。因为音高只会出现在浊音段,测量也只需要测量浊音部分。这个参数数值越大,浊音段越少;而数值越小,浊音段就越大。

第三个是音高偏好(Octave cost)。由于算法会同时给出多种可能的音高值,所以需要判断哪个值可能是最合适的,是该选择音高更高的结果还是偏低的结果。这个数值越高,程序就会越倾向于选择更高音的结果。

第四个是音程变化偏好(Octave-jump cost)。音高曲线上如果出现瞬间的剧烈音高变化,很有可能就是出现了跳点。这个参数是用来控制能够接受多大程度的短时音高变化程度,其数值越大,就越会拒绝音高的突然变化。

第五个是清浊变化偏好(Voiced/unvoiced cost),这个参数是用来调整对音段内出现清浊变化的接受程度。数值越高就表示越容易接受快速的清浊转换。

这些参数并没有一个固定不变、万能的推荐数值。在实际使用过程中,只能根据实际测量结果来逐步调整相关参数的设置,直到出现比较理想的音高曲线。

以上这些调整都是在声音编辑窗口完成的。但是这些设置都存在一个缺点,就是调整后的结果只能当时看看。一旦测量别的声音,重新修改了参数,那么回头再打开这个声音文件,又得重新调整参数。所以,我们自然产生一个需求,能不能把调整好的结果保存下来。

一种办法是点击 Pitch 菜单中的 Pitch listing 把音高数值显示到信息窗口。这个功能使用的时候需要注意,它只会显示当前选择音段的音高列表。如果没有选择音段,那就只列出当前光标所在时间点的音高值。显示在信息窗口中的内容是文本，可以直接拷贝粘贴到其他软件中处理，也可以利用信息窗口菜单中的"File＞Save as"存盘。

不过这种办法有个很大的缺点，就是得到的音高结果没法再在 Praat 中以音高曲线的形式展示。所以更常用的办法是点击"Pitch ＞ Extract visible pitch contour"，把当前窗口的测量结果，以 Pitch 对象的形式列在对象窗口中。然后就可以把这个 Pitch 对象存盘。它的存盘方式跟其他对象一样，都可以点击对象窗口菜单中的"Save ＞Save as text file"。这样保存的文件既可以用文本编辑器打开，也可以在 Praat 中以音高曲线的形式显示。需要注意的是，由于这个功能只是提取当前显示窗口的音高曲线，如果当前编辑窗口没有显示整个声波，那么提取出来的 Pitch 对象长度就跟 Sound 对象不一样。只不过它的起始和结束时间还维持着显示窗口的起止时间。所以当打开这个 Pitch 对象的时候，它可能并不会跟对应的声音文件自动成组而同步显示。这时就需要把声音窗口和音高窗口都强行点上 Group 选项来保持同步。

以上操作只适用于零星数据的提取。如果面对比较多的声音文件，我们一般就不会采用在声音编辑窗口提取音高数据的方式，而是通过对象窗口操作来直接生成相关 Pitch 对象。在对象窗口中，选中 Sound 对象后，左侧出现的按钮中有一个"Analyse periodicity"，点击后会展开一个菜单（图 5-3-5）。最上面两项是生成 Pitch 对象最常用的两个菜单项。

点击"To Pitch…"会跳出一个与声音编辑器 Pitch 菜单下 Pitch settings 相似的对话框，其中的参数设置也是一样。而点击"To Pitch(ac)…"，则会跳出类似 Advanced Pitch settings 的一个对话框。用之前介绍的方法填完参数以后，点击确定就会生成对应的 Pitch 对象，然后就可以存盘。如果觉得需要调整，可以用 Edit 打开 Pitch 对象，出现如图 5-3-6 这样的编辑窗口。

窗口中圆点的位置就是软件确定的音高值。圆点里往往有个数

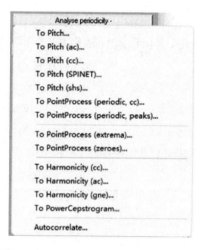

图 5-3-5 Sound 对象的音高测量菜单

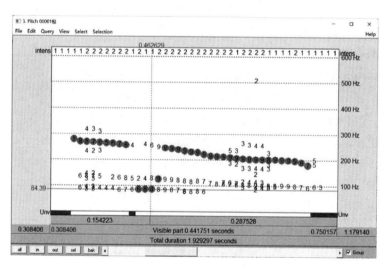

图 5-3-6 Pitch 对象的编辑窗口

字 9。而与圆点同一个时间位置,往往还会有一些其他数字。这实际就是 Praat 根据算法测到的不同音高值,而数字大小大致就可以理解成 Praat 认为这个数值的可靠程度,9 是最有可能的结果。我们可以根据前面提到的一些原则，更改选择。比如说图5-3-6得到的这个结果，音高曲线就不连贯了。其中前半截和后面很长一段，音高点可以组成连续的曲线，而光标附近的几个音高点与两边的曲线完全断裂开来了。对应这几个点的位置，同时还有4、6等数字，这几个数字的位置反而能与前后曲线连贯起来。因此很可能这几个音高位置才是合理的结果。我们可以通过对照语图或者计算周期的方法来验证。如果确实如此，就可以直接在上面的那几个数字上点击，直接把这几个音高值修改过来了。这样的修改无须多次更改测量参数，操作比较方便。当然，单独看这样的流程，大家可能会觉得似乎跟前面讲的从声音编辑器里提取 Pitch 对象没有太多差别，而一旦和脚本结合起来，这种方法就会非常方便。

正常录音提取音高，利用刚才讲的这些办法基本可以解决了。如果碰到一批录音质量比较差的文件，或者方言中涉及非常态发声态的音节非常多之类的情况，往往自动提取的音高错误率非常高。基本要修改也很难，来回调参数都不是很满意。或者虽然大致满意了，但是总有一些点明明通过其他办法已经确定音高是多少，偏偏 Pitch 对象在那个音高值的位置没有候选点。

碰到这样的情况，可能就无法使用 Pitch 对象了，应改用纯粹手

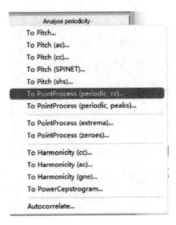

图5-3-7　通过音高测量菜单生成 PointProcess 对象

工标注周期再推算音高的办法。这就需要利用一个新的对象类型 PointProcess。在"Analyse periodicity"展开的菜单第 6 项,有"To PointProcess (periodic, cc)..."(图 5-3-7)。点击后,出现一个类似之前"Pitch settings"的对话框。可以像之前那样修改成合适的参数,点击确定。这样在对象窗口就出现了一个 PointProcess 对象。同样可以用 Edit 的方法打开,出现编辑窗口如图 5-3-8 所示。

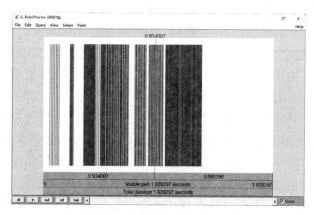

图 5-3-8　PointProcess 对象的编辑窗口

如果把它放大了看,也只能看到一条条竖线,没有其他信息。因为这个对象里只有时间信息,实际上就是在你需要的每个时间点做了个标注,所以它是一个时间标注的集合。标注时间点在很多声学参数提取上都有作用,在这里我们做的是浊声周期的标注,就是每个周期都给一个时间标注。单独打开 PointProcess 对象无法判断这些标注的位置是否合理。所以一般我们不是单独打开这个对象,而是把它跟对应的 Sound 对象一起打开。操作方法是在对象窗口中同时选中两个对象。选中后,右侧按钮区就变成如图 5-3-9 所示。

点击 Edit 打开的编辑窗口如图 5-3-10 所示。

放大声波就可以看到每一条蓝线都对应了一个周期(图 5-3-10 右)。这些蓝线都是可以编辑的。可以点击菜单 Point。其中有三个条目(图 5-3-11),前两个都是可以增加时间点标注的条目,

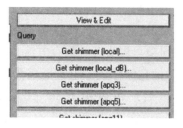

图 5-3-9　双选 Sound 对象和 PointProcess 对象后活动按钮区的变化

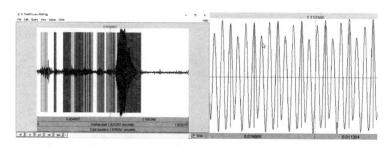

图 5-3-10　叠加波形后的 PointProcess 对象编辑窗口

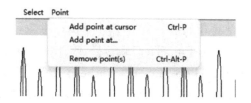

图 5-3-11　编辑点的菜单

第三个是删去时间点标注的条目。前两个操作比较容易,就是在光标处加标和在特定时间加标。第三个删除功能是删除离光标最近的时间点。但是手工点击偶尔会位置放得不合适,删去了不该删的时间点。为了防止误操作,建议大家把要删除的时间点都用鼠标拖选中,这个时候删除就只会删除掉选择段内的时间点。

当全部修改完毕,就可以回到对象窗口,单选 PointProcess 对象,在右边对应按钮中点击"Analyse->To PitchTier..."。接着就跳出一个对话框,这里的参数一般不用改,直接点击 OK,对象窗口就多了一个 PitchTier 对象。

这个 PitchTier 对象可以有几种保存方法。一种是点击"Save＞Save as text file…",把它保存成一个扩展名为 PitchTier 的文本文件。这个文本文件以后还可以用 Praat 打开成 PitchTier 对象。PitchTier 对象跟 Pitch 对象不同,用 Edit 打开就可以发现,PitchTier 里面每个时间点都只有一个音高数据,是一个单线性的数据对象(图 5-3-12 左);而 Pitch 对象一个时间点同时显示了多个音高值的选择(图 5-3-12 右)。

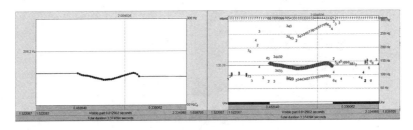

图 5-3-12　比较 PitchTier 和 Pitch 对象编辑窗口

两者也可以互相转换。如果选中 Pitch 对象,可以通过点击"Convert＞Down to PitchTier"来转换成 PitchTier 对象。如果选中 PitchTier 对象,可以通过点击"Synthesize＞To Pitch…"来转成 Pitch 对象。只是这个 Pitch 对象中不会有多个音高选择,另外无声部分也会自动用线性插值法计算出的音高值填充。反过来的转换用的比较少。

另一种办法是点击"Save＞Save as headerless spreadsheet file…",把它保存成一个只有时间和音高值的列表文本文件。这样保存好的文件,用 Praat 再次打开就无法以 PitchTier 对象形式出现,而只能打开成 Table 对象或者 TableOfReal 对象。不过这种列表文本文件可以直接在第三方数据处理软件中打开,方便用这些软件进一步处理结果。如果后期数据会使用 Excel、SPSS 或者 R 之类的工具,可以考虑存成这种格式。

PitchTier 对象也可以在编辑器里修改数值,只需用鼠标拖动就可以。这样的好处是操作相当方便,不像 Pitch 对象那么受限。但也要慎重使用,否则结果就不可靠了。事实上这个功能更多用于合成,在测量的时候很少用到。

如果经过标注浊音周期,得到的音高曲线仍然出现音高跳点、断点之类的问题,那么就必须考虑是否是特殊发声态的问题了。因为发声态改变是一种相变,有可能造成音高突变。如果确定是出现了特殊发声态,同时也确认在这个方言中,发声态并没有音位价值,那么可以考虑把这一段数据抛掉。比如说普通话上声的音高曲线偶尔中间会断裂,或者音高点很不规则。这其实是因为很多上声中间是有嘎裂声。如果不是专门要做发声态的研究,那么上声中间不规则的数据可以直接抛掉。或者还可以通过一些数学手段,比如二次项拟合的方式,拟合出没有特殊发声态的光滑曲线的若干插值来。当然,无论采用哪种数据处理办法,都需要在数据说明中解释清楚。

5.4 振幅测量

声调除了音高以外,还有振幅、时长和发声态等特征也很重要。时长的测量就是个打时间标注的过程,将在下一节实验设计中一起介绍。发声态是个比较复杂的问题,将专门用一章来介绍。这里简单介绍一下振幅测量。

就目前对语音的认识来讲,振幅是相对不太重要的参量,它可能更多地起到辅助作用或者影响自然度。

也正是因为振幅不是那么重要,在声音编辑窗口的声学参数显示部分,默认是不显示振幅曲线的。如果需要显示,就点击菜单 Intensity,在 Show intensity 上打个√。或者点击"View＞Show analyses..."，在出现的对话框里,把 Show intensity 打上勾。这样声学参数显示区就会显示如图 5-4-1。其中新出现的黄线,就是振幅曲线。

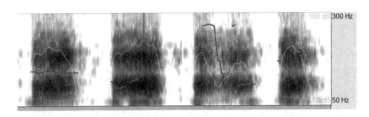

图 5-4-1　振幅曲线

振幅曲线的标尺也在右侧,如果同时存在音高曲线,为了和音高标尺分开,它会以绿色显示在框线的左侧。

另外也可以在对象窗口里,选中 Sound 对象后,点击"To Intensity...",这样可以生成一个 Intensity 对象。它的一些设置都比较简单,一般情况用默认参数就可以。而查询结果的方法跟音高相关的几个对象差不多,这里不多赘述。

根据图 5-4-1 可以发现,振幅曲线跟声调的音高曲线往往形状很相似。事实上对于普通话四声来说,它基本上就是一种伴随特征。但是偶尔有一些特殊情况,比如说耳语的时候声带没有振动,但仍然可以分辨四声。因为声带都没有振动,就不可能有音高曲线。判断的依据其实就是振幅变化。

另外,振幅可能影响自然度。比如一个上升调,音高曲线是上升的,振幅曲线一般也是上升的。如果振幅曲线不是这样,可能听上去就不那么自然。因此,在做感知实验的时候,有时也需要对振幅做一定的调整,以免影响结果。

5.5　声调实验的设计和数据结果处理

接下来了解一下一个声调实验如何设计。

在实验之前,首先要设计一个被调查方言的发音字表。字表到底需要多少实验用字,这并没有一个定规,主要根据实验目的而定。比如,要完整调查一个声调系统。少的话,每个声调只有一个例字也可以；多的话，就可以考虑各种声韵条件对声调的影响。不过一般来说，声调实验字表用字不宜太少，既然打算做个实验，肯定尽可能多搜集资料，这样才能有助于发掘出更多有价值的信息。但是也不宜太多，否则发音人容易疲劳。总体来说，一个发音人一次录音尽量不要超过一个小时。

对于实验字表的设计来说，最重要的一点是要控制变量。就是说每个声调选用的声韵组合都尽量一样。如果要调查一个声调系统比较复杂的方言，可以简化声韵母组合。比如说每个声调都统一先选用清塞音配上[i][a][u]三个单元音的组合。根据目前方言的情况，可能统一选用舌尖塞音比较好。因为舌尖塞音往往声韵调的组合最丰富，容易做到每个声调都有相同的声韵组合。浊音声母如非实验必须，一般不会采用。因为浊音声母段也会有音高曲线，这段曲线跟声调音高曲线之间的关系需要专门讨论。韵母选择单元音也是为了简化条件，如果选了复韵母就必然带来音质变化本身对音高的影响之类的问题。如果各个声调找不全[i]、[a]、[u]的组合，那么改用高、中、低三个单元音也是可以的。如果要调查普通话，普通话的声调系统很简单，一共就四个声调。如果每个声调只选一个字，显然内容少了点，那么就可以适当考虑不同声韵母的组合。

发音字表的设计可以参考现成的方言调查报告。方言调查报告中往往会有声韵调组合表和同音字表。但是一定要注意选的字尽量使用常用字，甚至同一个音节可以考虑备上两三个同音字，万一其中一个不认识，可以换一个。对于普通的声调调查而言，调查的是音节本身，至于字是哪个并不重要。

其次是需要找什么样的发音人。一般来说只找一两个发音人是不够的，至少要找4个人，如果能够找到10个发音人就更好了。发音人也尽量保证性别平衡，比如两男两女、五男五女。发音人本身需要能说地道的目标方言，最好是母语者。发音人的口音应该尽量保持一致。如果自己无法很好判断的话，可以尽量控制发音人的年龄，让所有人年龄都比较接近，或者请当地人帮忙判断口音。发音人还应该口齿清晰,没有明显的发音缺陷。为了避免调查过程中出现意外情况,参加录制的发音人数量应该比实际需要人数多一点,这样后期可以有个挑选余地。

做好字表,找到发音人,接下来需要解决的问题是录音。录音速度最快的方式是直接念字。但是缺点比较突出。因为人一开始录音,情绪波动总是会大一些;到后面读习惯了,情绪就比较稳定。这样可能造成录音不同阶段的读音差异比较大,或者节奏不稳定。好的办法是设计一个负载句,把目标音节放在句子中。因为句子有固定的语调,这样相对来说更稳定一些。比如可以采用"×,我读×给你听"这样的负载句。这样等于在一个句子里出现两遍。分析的时候,只固定分析一个位置的字,另一个作为备份。一般分析第一个字比较好,因为在句子中间的音节里面,往往容易跟前后音节融在一起,到时候很难切分。当然,具体采用哪个音节可以看情况决定,不过,同时也要兼顾调查的量。如果调查的量很大,那念负载句可能太花时间,只能用念单字的办法。

另一个需要注意的问题是首末字效应和换页效应。尤其是用念单字的办法录音时,这类效应更加需要注意。就是说如果这个字表是打印出来的话,发音人念第一个字或者前几个字,因为刚开始读,跟后面字的读音模式往往会不大一样。所以,我们就应该有意识地把这个字表前几个字以及结尾的几个字,换成一些不重要的字。其实只是放在那儿,实际上是不进行测量的。同样,如果字表有好几页,那换页也会引起这样的效应,也必须放几个无效的填充字。

录音字表的顺序也是一个值得注意的问题。字表排列有两种办法,一种是按照顺序,比如一个声调的字都放在一起,读完一个声调再读下一个声调;另一种办法是把所有字的顺序全部打乱。按顺序录音比较容易让发音人感觉到声调模式的存在,这样结果的确定性就比较强,缺点是可能无法调查到发音人的第一感觉,不容易观察到语言实际存在的一些变异。具体用哪种办法要根据研究需要决定。我们一般更多使用乱序的录音办法。

然后接下来是录音环节。录音当然最好使用专业录音设备和专业的录音棚。但是这对于非专业做实验语音学的研究者来说可能存在一定困难。更何况外出田野调查的话，即便有设备也很难找到专业的录音棚。在无法达到最佳状态的情况下，我们只能尽量减少不利条件的影响。器材方面，如果有外置的话筒和声卡，都尽量使用外置的。尤其是话筒，电脑内置话筒不光本身质量一般，而且发音人也不可能凑到内置话筒边去发音。一般来说，话筒离声源越近，录制的效果越好。尤其在田野调查的时候，头戴式话筒是一个比较好的选择。但也因为话筒头离嘴巴太近，一定要小心不能让气流喷到话筒上。

再就是录音环境的控制。录音的时候，需要安静的环境。所以在录音之前，一定要检查周围环境，有没有什么噪音源。如果窗户有窗帘，就尽量拉上。窗帘有很好的吸音效果。如果是小规模录音，可以考虑放到晚上，一般晚上的噪音源会少一些。

录音需要有重复。一般来说，同一个字至少要重复三遍，如果能重复五遍就更好。这取决于字表本身的量。所谓重复录音，不是说一个字连着读几遍，而是整个字表全部录完了，再录制下一遍。另外，实际录的时候，一般的做法是如果需要三个重复样本，实际就要录四遍。这是为了留一个备份，方便万一其中某一遍出了问题，可以有替代。

录音完成后，就是测量和数据处理。发声态的测量将在第八章介绍，这里主要介绍怎样进行音高和时长的测量。

音高测量的基本方法前面已经介绍了，但是具体到声调的音高曲线，它实际上是一组连续的音高数字。做研究显然不能简单地把这些数字直接往论文里一丢，而是需要对这些数字进行一些处理。

首先面临的一个问题是，实际音高曲线跟教科书描写的形状并不完全一致。比如说普通话的阳平，按照教科书的描写肯定都是一个升调，那么音高曲线理论上应该是一条上升曲线。但是实际看到的音高曲线，可能更接近 S 形（图 5-5-1 左）。在曲线的上升段的两端,可能都有下降段。这就是很多研究提到的所谓声调的弯头降尾部分。造成弯头降尾的原因很多。比如声母辅音到元音过渡,声腔形状会发生急剧变化,这一定程度上就会扰动基频。另外说话的时候,无论是从放松状态还是前面有音节时过渡到这个音节,不可能马上就达到这个声调目标的音高位置,总会有一定时间的过渡。降尾的情况也类似。这些部分是否存在,本身对声调辨认没有太大的影响。因此从音位的角度,主要应该关注声调的主体部分,或者叫调型段的特征。

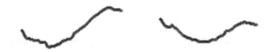

图 5-5-1 普通话阳平和上声常见的基频曲线

接下来的问题是如何区分调型段和弯头降尾。如果是调查普通话这样的方言,大家对它的声调描写都有共识了,自然就很容易判定调型段是哪里。比如看见阳平是 S 形,两端就应该归入弯头和降尾;而上声如果也是 S 形,那前面那一截下降段也应该是调型段的一部分(图 5-5-1 右)。如果面对的是一个还没有人调查过的声调系统呢?这就需要判断到底什么是重要的,什么是不重要的。不过很可惜,目前这个问题还没有特别好的学界公认的标准。目前我们只能暂时用时长比例多少来作为标准。因为从道理上来讲,调型段肯定是占音高曲线主要部分,弯头降尾占的时长比例肯定不会高。比如普通话的阳平和上声,虽然音高曲线的开始部分都会有一段下降段,但是阳平的下降段往往只占整体的百分之十几,而上声的往往多于30%。大致上来说,根据一些方言声调分析的经验,一般认为弯头降尾的时长不大会超过整个声调曲线的 20%。也就是说,如果在音高曲线首尾出现与整体趋势不同,但是时长占比不超过整体曲线 20%的部分,基本就可以判定为非调型段,可以在音位处理时忽略。不过这只是个经验数值,并没有经过专门研究来确定,实际操作的时候可能会看情况处理。比如说,如果所有该声调的音节音高曲线都是降升型,但是有少部分前面的降的部分没超过20%,那么根据多数情况,那些比较短的下降部分也应该算是调型段。又比如说促声音节,本身时长就比较短。如果前面的部分占的比例大于20%了,从绝对时长来说,舒声声调的弯头时长跟促声的这部分差不多长,那么我们仍然倾向于把促声的这个部分判定为弯头。总体来说,这个是可以作为专门课题研究的。这里只能给出一些操作性标准,实际研究需要具体问题具体分析,不能一概而论。

另一个问题是 Praat 给出的数据点很多。取这么多数据点就是为了体现出音高曲线本身的特征。如果不用全部点,只取其中一部分数据点也足以体现音高曲线,那么完全可以不用那么多点。目前学界比较常见的做法往往并不是使用全部的数据点,而是先把时长和音高分开测量。在处理音高数据的时候,就简化问题,认为所有声调(在不考虑促声时)在音位意义上是等长的,每一个声调都取连续10个点(也可以是别的数字)。用10个点去代表这个声调,我们可以把这种方法叫做连续点法。这样所有的声调都可以对齐,放在一起比较。不过连续平均取10个点,这个功能 Praat 没有直接提供,需要用脚本来完成。以下是一个在声音编辑器中取10个点(或者指定点数)的脚本范例:

```
#可以修改下面数值,根据需要确定自己取值的点数
interval_num = 10
begin_from = Get begin of selection
end_by = Get end of selection
interval = (end_by-begin_from)/interval_num
if interval = 0
    exit you did not select the syllable
endif
dur = end_by-begin_from
time1 = begin_from
```

```
♯在 Info 窗口清空信息并显示数据列表的基本信息
clearinfo
printline begin 'tab$' 'begin_from:6'
printline end 'tab$' 'end_by:6'
printline duration 'tab$' 'dur:6'
printline
printline Point 'tab$' Time(sec)'tab$' F0(Hz)
printline -----------------------
♯在循环体中完成取值
for count from 1 to interval_num
    time2 = time1 + interval
    Select... 'time1' 'time2'
    f_0 = Get pitch
    printline 'count' 'tab$' 'time2:3' - 'time1:3' 'tab$' 'f_0:2'
    time1 = time1 + interval
endfor
printline -----------------------
♯还原选择区域
Select... 'begin_from' 'end_by'
♯ END OF SCRIPT ♯
```

取完 10 个点的数据以后，就可以再通过别的软件进一步做数据统计分析处理了。不过，如果声调系统中有促声调，由于促声调的时长也有音位价值，这种情况往往需要把舒声调和促声调分开处理。比如舒声统一取 10 个点，而促声统一取 5 个点。图 5-5-2 就是对上海方言单字调用这种方法取值后，做出的一个上海话声调音高图。

还有一个数据处理问题也需要掌握。当有若干个发音人，尤其是有男有女的时候，因为男性和女性的生理差异，所以音高数据差异是很大的。即便相同性别，不同个体的音高范围也不一样。进行声调描写，不是要描写一个个体特征，而是要描写出一个语言的共同特征。个体特征反而是需要消除掉的。取平均值是比较常见的消除个

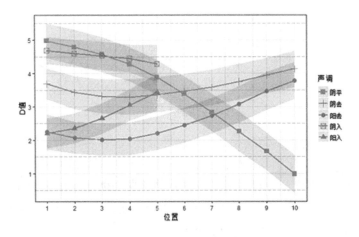

图 5-5-2 上海话声调音高曲线聚合图

体差异的办法,但是对于音高这样的数据不合适。因为男子和女子的原始数据绝对值差异太大,完全是不同的两组,简单放在一起平均没有什么意义。所以,需要对原始的音高数据做一种叫标准化(Normalization)的处理。有些研究称为归一化,其实这个说法不够准确。这步工作在 Praat 里要完成比较麻烦,一般做法是把数据结果导出后,用其他数据处理软件来完成。

目前国内声调数据处理比较常见的标准化方法是 T 值法和 LZ-Score 法。两种办法首先都需要把音高值转换成更符合我们听感距离的半音或者常用对数值(两者效果是一样的)。

T 值法公式如下:

$$T = \frac{x - \min}{\max - \min} \times 5$$

这个公式本身很简单。分母 max-min 其实是利用每个发音人自己测量值中的最大、最小值求出整个声调系统的音高范围,而分子 x-min 就是求出当前音高值相对于音高下限的距离,两者相除就可以得到特定音高值在整个音域中的相对位置。最后那个乘以 5 本身不是必须,只是为了对应声调描写的五度值才加上的。这样 T 值 0~

1、1~2、2~3、3~4、4~5 就分别可以转换成五度值从 1 到 5 的 5 个值。

LZ-score 法是先把所有基频值转化成对数值,然后把每个发音人的数据分别用以下公式处理:

$$Z = \frac{x - \mu}{\sigma}$$

这个公式其实就是统计中的标准分公式,即特定测量值与发音人自己全部测量值均值的差除以该发音人全部测量值的标准差。利用这个公式,同样也可以得到特定音高值在全体测量值中的相对位置。从一些研究实践看,LZ-score 法的规整效果似乎略好一些,但是它的缺点是无法直接与五度值挂钩。

两种方法结果差异并不是很大,可以根据研究需要选取一种来使用。而经过规整之后的数据就可以放在一起分析处理了。声调调查的结果可以用一个聚合图来呈现。图 5-5-2 是一个样例,这是我们在 T 值法基础上略作改良[①]后画的上海话声调曲线聚合图。发音人有 20 位,十男十女。其中的曲线是各个声调的平均曲线,阴影部分则是上下各取一个标准差,从而可以显示各声调主体的活动范围。

除了音高测量外,一般也需要测量声调的时长。测量时长本身比较简单,可以利用标注功能。做时长标注,可以分成两步,第一步是先标出整个音节的时长,第二步是标出韵母的时长。一般所谓的声调时长也就是指韵母时长。因为根据前人的研究,声母部分并不承载声调的特征。如果实验设计中设计了很多声母类型,不同的声母长短差别会很大,但是韵母差别基本上很小。在进行时间标注的同时,还可以对声调上的一些关键点进行标注,以方便后期音高数据

---

① 我们认为从 1 到 5 都应该是每一度的中心区域,因此纵轴坐标范围不像 T 值那样从 0 到 5,而是从 0.5 到 5.5。而 1 和 5 分别是声调最低最高目标点的均值。所以我们改良了 T 值公式,具体公式为 D=(8lgf0−9lgfmin+lgfmax)/((lgfmax−lgfmin)×2)+0.5。更详细的推演过程这里就不赘述了。

处理。关键点主要是指声调曲线调型段的起点和终点以及曲折调拐点。

生成标注对象的办法是选中要标注的 Sound 对象，点击右侧"Annotate>To TextGrid ... "。这样，就会跳出一个对话框（图 5-5-3）。在 Praat 中可以使用两种标注层，一种是段标注层，一种是点标注层。所谓段标注，就是标注音段的起止时间点和音段的文本；所谓点标注就是标注特定时间点的位置和该点的标注文字。在对话框的第一栏中，需要填入各标注层的名称，名称与名称之间用空格分开，这样 Praat 同时知道需要几层。比如可以填入"音节 声韵 特征点"。第二栏是填入上面各层中需要指定为点标注层的名称。如果无需点标注，可以不填。这里可以填入"特征点"。这样就有音节和声韵两层段标注层，以及特征点一层点标注层。

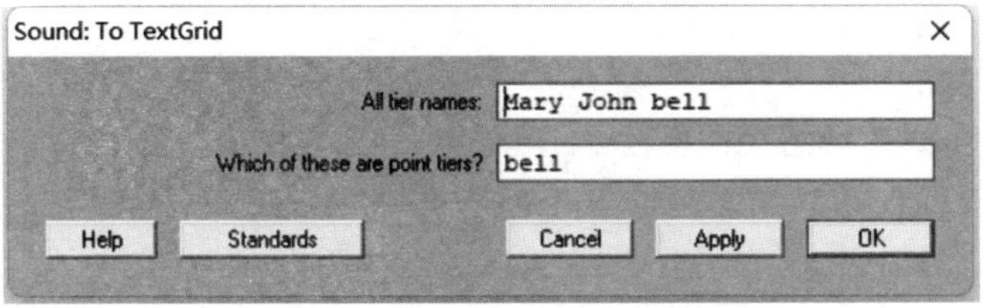

图 5-5-3 生成标注对象的对话框

这些标注工作本身基本上只能依赖手工操作完成，但是可以利用脚本来降低工作量。比如下面就是一个用于辅助标注的脚本。脚本是在对象窗口运行的，但中途需要使用编辑窗口中的语句，所以我们引入了新的命令"editor ... endeditor"，在这两个命令之间可以使用编辑窗的脚本命令。

♯可以把路径和文件名填入下面两个变量

lujingzi$ = " "

wenjian$ = " "

Read from file... 'lujingzi$' 'wenjian$'. wav

```
#生成标注文件,有三层,分别是音节、声韵和关键点
ToTextGrid:"音节 声韵 特征点","特征点"
select Sound 'wenjian$'
plus TextGrid 'wenjian$'
Edit
editor TextGrid 'wenjian$'
#跳出暂停窗时,先用鼠标在声音编辑窗选中整个音节
    pause 请选中音节两侧边界
    selkaishi = Get start of selection
    seljieshu = Get end of selection
    Move cursor to... selkaishi
    Add on tier 1
    Add on tier 2
    Move cursor to... seljieshu
    Add on tier 1
    Add on tier 2
    Zoom... selkaishi - 0.02 seljieshu + 0.02
    #这里用了一个复杂的暂停
    #主要是考虑到有些字表设计可能还有使用零声母之类的音节
    beginPause ("划分声韵边界")
        comment ("请选择声韵界限")
    clicked = endPause ("有声母继续","无声母",1)
    if clicked = 2
        #零声母音节就做一个非常短的时间标注,这样可以保持
        #所有标注文件格式一致
        shengyun = selkaishi + 0.0001
    else
        shengyun = Get cursor
    endif
    Move cursor to... 'shengyun'
    Add on tier 2
    pause 请选择在第三层上标注声调的关键点
```

```
pause 请再次检查标注,如无问题,点击确定继续
endeditor
select TextGrid 'wenjian$'
Write to text file... 'lujingzi$' 'wenjian$'. TextGrid
select all
Remove
# End of Script
```

以上只是一个简单脚本,实际上要标注很多声音文件,就不应该手动在脚本里一个个填上路径和文件名,而是把以上脚本作为一个子过程。另外可以编写一个主过程提取所有声音文件的名字,然后写一个循环,分别给两个文本变量赋值后再调用这个子过程。这样就可以自动辅助标注所有声音文件,并保存标注文件了。保存标注文件的作用是方便后期检查修改。等全部标注完成后,可以另写一个脚本,把需要的数值都提取出来。

时长数据全部调查好了,可以参考图5-5-3来直观呈现结果。

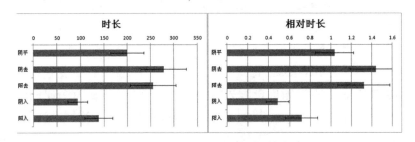

图5-5-3 上海话声调时长图

这两个图都是上海话声调的调查结果。左边是绝对时长,右边是相对时长(以全部声调时长的均值作为1),横条顶端的H形线是误差线。

第 6 章　如何进行元音分析

6.1　阻尼波与共鸣

前面在介绍声波的时候已经谈到，最简单的声波是波形为正弦波的纯音，但是纯音我们是听不到的，日常听到的声音都是由若干纯音叠加而成的复音。

要听纯音，一般会利用音叉这样的专门声学实验器械。不过事实上，即便用音叉之类的专门声学器械，我们听到的也并非是完全意义上的纯音。因为正弦波的特征应该是每个周期振幅不变，一直绵延下去。但是真实情况是振动总会有一些能量转化成热能损耗掉，这样声音就会不断衰减，最后停止。质量再好的音叉也至多做到振动衰减速度慢一些，时间延续久一些。这样产生的声波每个周期的振动幅度都会比上一个周期小一点，形成如图 6-1-1 这样的波形。这样的声波，我们称之为阻尼波。

要描写阻尼波，直接可以想到的办法就是在预期的正弦波上再

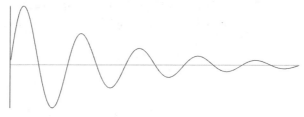

图 6-1-1　阻尼波波形

加一个衰减系数。比如以下这个脚本,就是在正弦波函数 sin(2*pi*1000*x)上乘以了一个衰减函数 exp(-pi*200*x)。用这个脚本就可以得到如图 6-1-1 中的这个阻尼波。

Create Sound from formula: "zuni", 1, 0, 1, 44100, "sin(2* pi* 1000* x)*
... exp(-pi* 200* x)"

但是这样的描写方法有个问题,就是跟之前对复合波的分析完全是不同的两个方式。是否有可能将复合波的分析方式也用到阻尼波上来呢?阻尼波是否也有可能分析成若干个正弦波的叠加呢?我们可以实验一下下面这个脚本:

Create Sound from formula: "mix", 1, 0, 1, 44100, "1/2* sin(2* pi* 1000*
... x) + 1/4* sin(2* pi* 1100* x) + 1/4* sin(2* pi* 900* x)"

我们可以看到,三个正弦波的叠加,波形(图 6-1-2)就已经跟图 6-1-1 那个 1000Hz 的阻尼波波形差不多了。不过这只是波形的局部,如果继续往下画,这三个波的叠加还是不能完美重现成之前的阻尼波。有了这个经验,我们也有理由相信,只要再多叠加一些正弦波,最终肯定可以形成需要的波形。事实上我们回头看傅里叶变换,它根本无所谓分析的是不是复合波,任意波形都可以分析成若干个正弦波的叠加。当然,读者也许会问,那这样的话,到底这种形状的波是个有阻尼的正弦波,还是若干正弦波的叠加。其实我们完全无须在意事实到底是哪种。就好像看到一条静波,这到底是没有声波还是两条反相正弦波的叠加呢?都无所谓,反正最后结果都是无声。

与阻尼振动密切相关的一个声学现象是共鸣。共鸣是指物体因共振而发声的声学现象。而共振是指一个系统在特定外界振动频率激励下出现比其他频率更大的振幅做振动的情形。

为什么会有共振现象呢?我们知道振动可以分成自由振动和受迫振动两种。在日常的经验中,比如一个秋千被推了一把之后,在不受其他外力干涉的情况下会以一个固定的频率来回摆动。这时的摆

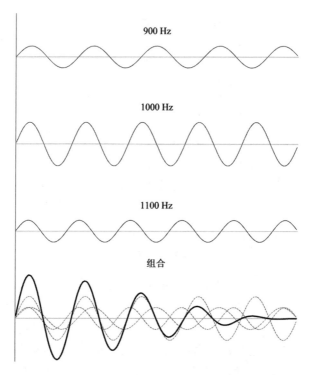

图 6-1-2　用三条正弦波叠加来模拟阻尼波

动如果不考虑空气阻力之类的因素，基本上就接近自由振动了。同样，我们也可以抓住秋千，来回摇动。这时秋千的来回摆动就是一种受迫振动。其振动频率完全可以由我们来控制，快一点慢一点都可以。但是我们也知道，如果要比较轻松地让秋千摆动起来，就必须找到秋千固有的振动频率。只要按着这个固有频率来反复给秋千加点推力，就可以用很少的力气让秋千越摆越高。这其实就是秋千的共振。

声音在空气中传播是一种振动形式。传到别的物体上，实际上就是空气粒子不断在敲击这个物体，可以说跟不断推秋千是一回事。如果这个物体有自己固有的振动模式，那么就跟秋千一样，当空气粒子敲击的频率跟它的固有振动模式一致，这个物体就很容易产生共振,到一定程度就会发出声音来。我们也可以换个角度看共鸣,共鸣其实相当于一个过滤器,把来源的声音中不吻合自己固有振动模式的频率能量吸收掉,而把符合自己固有振动模式的频率成分放大。

如果外界激励的声波不持续出现,共鸣的声音就会慢慢消失。所以共鸣产生的声波,本质上就是一种阻尼波。不同物体的固有振动模式不同。有些物体有固定的振动模式,有些则没有。对于我们生活来说,两种类型的物体各有用处。比如我们吹奏排箫之类的乐器,吹气的时候气流音本身包含了非常多的频率成分,而各个管子长度不同造成固有振动频率不同。于是相同气流激发的声音在共鸣后音高各不相同。而像音响之类的设备,我们则希望不要有固有的共鸣频率,应该一视同仁地把所有频率都增强或者削弱,否则放出来的声音就会变形。即便共鸣频率一样的物体,有些物体共鸣时间长,有些物体共鸣时间短。所以共鸣是一个非常复杂的声学现象,我们需要用几个不同的参数来描述。这里先看一下相同的正弦波但衰减速度不同的情况:

```
for i to 3
    Create Sound from formula: "zuni'i'", 1, 0, 0.01, 44100, "sin(2 * pi *
    ... 1000 * x) * exp(-pi * i * 100 * x)"
endfor
```

根据这三个阻尼波的波形和频谱(图6-1-3),可以发现每个频谱图上都有一个峰值位置,决定这个峰值位置的是无阻尼时正弦波的频率,而和阻尼程度无关。我们把这个峰称为共振峰(Formant)。阻尼程度虽然不会影响共振峰中心频率的位置,但是会影响这个峰的陡峭程度。阻尼程度越小,共振峰就越尖锐;或者也可以反过来说,共振峰越平缓,对应的波形阻尼程度就越大。我们甚至可以根据这几张图来进一步联想。随着阻尼程度越来越小,坡度也就会越来越陡,阻尼变到最小值零的时候,阻尼波也就还原成正弦波,对应的坡度就变成垂直了。在频谱上的形态就是一条线,这也正是

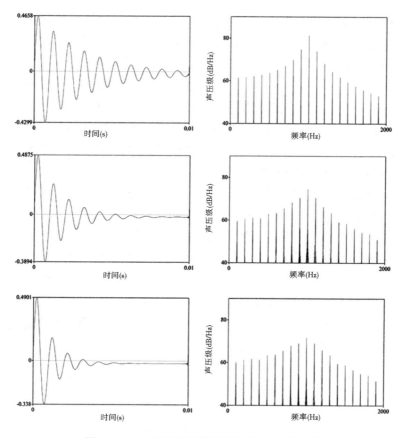

图 6-1-3 阻尼程度不同的波形与对应的频谱

正弦波在频域上的表现。如果反过来,随着阻尼程度越来越大,带宽就会越来越宽,而阻尼程度最大的情况就应该是振动刚开始马上就停止。这样的情况正是前面提到的猝发波。而对应在频谱上的表现,应该是带宽非常宽,而峰值消失。所以猝发波的频谱特征就是在整个频域范围都有能量存在。

为了量化不同共振峰的陡峭程度,还有一个参数叫做带宽(Bandwidth)。这个在前文讲频谱分析的时候已经提到过。而共振峰的带宽,就是以峰值减半的位置,或者反映在频谱图上是峰值下降

3dB 的位置处的共振峰宽度。图6-1-4中间那个图就显示了一个共鸣器的共鸣特征和带宽。

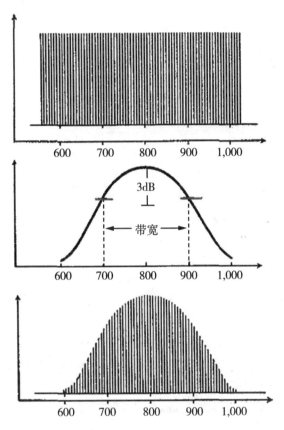

图6-1-4 声源频谱、共鸣特征和两者叠加的结果(Ladefoged，1996)

6.2 声道共鸣的声学原理

共振峰是元音非常重要的一个声学参数。元音都有很多共振峰，为了方便指称，在语音学中一般按顺序从低频往高频给共振峰命名。频率最低的叫第一共振峰，其次为第二共振峰，以此类推。或者也可以更简便地依次用 F1、F2、F3……来表示。很多语言学信息都体现在元音的前三个共振峰上。图 6-2-1 显示了几个常见元音的前两个共振峰。

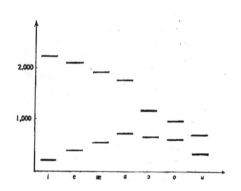

图 6-2-1 常见元音的前两个共振峰位置示意图

从图 6-2-1 中,我们可以发现,坐标轴从左往右,F2 不断降低,而 F1 先上升再下降。从这几个元音的舌位前后来说,从左到右是舌位越来越靠后;从舌位的高低来说,这几个元音是舌位先变低再变高。所以很容易发现一个声学和元音舌位之间的关系。元音舌位越靠后,F2 就越小;元音舌位越低,F1 就越大。由于发音舌位调查并不是很方便,所以现在都用声学的共振峰来代替舌位研究。既然测量的只是声学结果,那么再直接说舌位高低前后不是很合适,所以声学上往往就不直接说舌位,而在一个抽象意义上使用"前、后、左、右"这几个特征。

不同的元音之所以有不同的共振峰结构,是不同形状声道共鸣的结果。那么,声道的共鸣特性是怎么引发共振峰的呢?下面我们就先简单介绍一下声源-过滤理论(Source-filter Theory)中著名的声管模型(Tube Model)(图 6-2-2)。

声道可以看做一根一端开口、一端封闭的管子(图 6-2-3)。从共鸣原理来说,直管和弯管没有本质的区别,可以都按直管来处理。我们先看一个最简单的情况,在声道内部没有一个明显的收紧

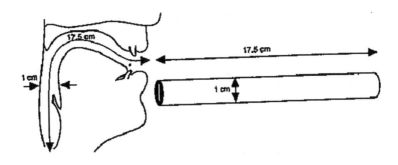

图 6-2-2　声道处于最放松状态时(即元音[a])的声管模型
(Ladefoged,1996)

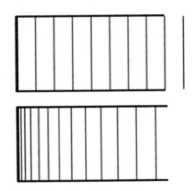

图 6-2-3　一端封闭、一端开口的管子中空气压强分布示意曲

点。这样,这个管子可以近似看成一根粗细均匀的直管。又因为这个管子的直径比管子本身的长度小很多,共鸣频率主要受管子长度的影响,所以管子的粗细也可以不多考虑。这样我们就可以把声道简化成一根 17.5cm 的直管。17.5cm 差不多就是成年男子声道的长度。

　　这样的一个管子,它的共鸣频率应该是多少呢? 我们可以把管子中的空气想象为一层一层叠起来的样子,那么管子里就相当于叠了若干空气层。本来这些空气层之间的距离都是相等的,或者也可以说各层之间的气压都是一样的。如果现在把空气层往里按或者往外拉,可以想象最内侧的空气层移动幅度最小,最外侧的空气层移动幅度最大。如果用层的移动速度来说,就是管口的层位移速度最快,管底的层可能压根儿没动。如果从气压角度来看,层间距离越远气压就越低,层间距离越近气压就越高。如果以管底作为原点,管长作为横轴的话,我们可以画出这个管子内部空气层的位移速度曲线(图6-2-4)和气压分布曲线(图6-2-5)。这两条曲线的特点都是一端为零,另一端为最大值,只是从相位来说差了90度。而这样的曲线其实正显示了这个管子的共鸣特征。

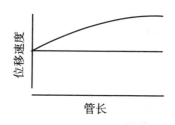 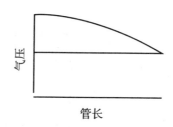

图6-2-4 空气层的位移速度曲线　　图6-2-5 空气层的气压分布曲线

可以想象,如果有一个正弦波,它在空域上的速度(或者气压)分布状态正好跟这根管子自然形成的速度(气压)分布状态一致,自然就会引起共振。就以速度为例,自然状态是原点处速度为0,管口处为速度最大值,延伸这个曲线,可以得到如图6-2-6这样的正弦波。这个正弦波波长的四分之一正好等于管子的长度,其在管内各点的空气状态就与管子的自然共鸣状态一致。

图6-2-6　一端开口管子内部空气粒子速度分布
　　　　 及其延伸成完整周期的示意图

根据前文,我们已知频率乘以波长就等于声音每秒的传播距离,即

$$C = \lambda f$$

而声速在特定状态下是个固定的常数。语音学中为了计算简单,就把声速定为350m/s。也就是说 C 等于 35000cm。而波长是管长的4倍,也就是 $\lambda = 4L = 4 \times 17.5 cm$。而上述公式可以做如下变形:

$$f = \frac{C}{4L}$$

把这两个数字代入这个公式,就可以得到500Hz。这正是一根长度为17.5cm,一端封闭、一端开口的管子的一个共鸣频率。

除了这一个共鸣频率之外,这个管子还有没有别的共振频率呢?是不是可能有其他频率的正弦波也符合刚才这根管子内部的气压分布或者空气粒子速度分布状态?比如说现在有这么一个正弦波(图6-2-7),只考虑管底和开口两端。在这个管底速度为零,管口速度最大。很明显,这个正弦波也基本吻合了管子内部的气压分布状态。所以这个正弦波的频率也是这个管子的一个共振频率。如图6-2-7可知,新的频率实际就是刚才那个正弦波频率的3倍。

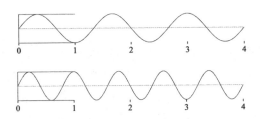

图6-2-7 一端开口管子的第二、第三共鸣频率示意图

同样道理,图6-2-7的第二个正弦波也是符合管子的共鸣特征的。它的频率是第一个正弦波的5倍。那么以此类推,我们就马上可以推测到,前三个共鸣频率可以组成1、3、5这样的数列,后面肯定应该是7、9……一直下去。换而言之,就是所有第一个正弦波频率奇数倍的频率也都是这样一根管子的共鸣频率。因此,我们可以

把这个公式写成这样一个形式：

$$f = \frac{C(2n-1)}{4L}$$

我们假设声道长度是 17.5cm，代入这个公式，就可以求出这样的声道，其共鸣频率就有 500Hz、1500Hz、2500Hz……

那么什么样的音素会有这样的共鸣频率呢？按我们之前的假设，这个管子是均匀粗细的，或者也可以说在声道中没有一个明显的收紧点。这样的声道形状就是个中央元音。所以我们也可以知道，中央元音的声学特性就是各个共振峰数值从小到大以 1∶3∶5∶……这样的比例分布。因此，我们也可以通过发出一个中央元音来倒推声道的长度。

这样，我们就通过构造一个简单的一端封闭、一端开口的管子来模拟了元音系统中最常见的中央元音。不过中央元音跟其他元音的发音特点差别还是比较大的。因为发这个音的时候整个发音器官保持着一个非常松弛的状态，整个声道直径是比较均匀的。其他元音都不是这样的，而是在声道的某个位置特别狭窄。比如说高元音，声道收紧位置往往就是舌面最高的那个点；而低元音虽然舌位很低，其实只是声道这个倒 L 管的上面部分没有收紧点而已，它的收紧点是在折过来的咽部。

既然管子里有了收紧点，我们可以以前面那个管子模型为基础，把模型做得更复杂一点。本来一根均匀粗细的直管变成两截连在一起的管子。收紧点后面的半截管子比较细，底部是封闭的，而收紧点没有完全封闭了，所以仍然是根一端封闭、一端开口的管子。收紧点前面的那截是比较粗的管子。在收紧点这一侧，我们可以忽略那个小孔，把这端近似看成封闭的，而另一端则肯定是开口的。所以这一截也是一端封闭、一端开口的管子（图 6-2-8）。

我们仍然可以利用前面的公式来分别计算两根管子的共鸣频率。假设把收紧点后面的管子称为后管，前面的称为前管，可以画出这样一个共鸣频率变化图来（图 6-2-9）。

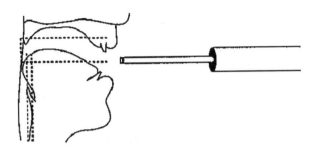

图 6-2-8 元音[a]的声管模型(Ladefoged,1996)

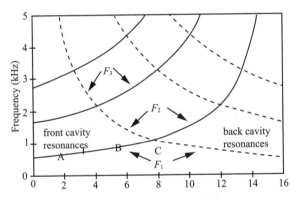

图 6-2-9 低元音共振峰模式与收紧点位置的关系(Johnson,2003)

图 6-2-9 的纵轴是共鸣频率,横轴是收紧点到声门之间的距离。随着收紧点位置不同,两个管子或变长或变短,两者的长度和就是声道的总长。在这个图中,横轴的起点就是收紧点位于声门位置的时候。在这种情况下,实际上就相当于没有后管,只有前管,或者说跟前面那个中央元音是一样的。前管共鸣频率的数值就是纵轴上标记的那几个点。因为后管不起作用,所以这几个共鸣频率就是当前状态元音的共振峰。只不过这根前管会比单纯的中央元音短一点,因为收紧点毕竟不是真正意义上的一个点,还是占一定的长度的。所以前管长度就当成 16cm,由此也造成这几个共振峰也都比之

前的中央元音的高。比如第一共振峰差不多600Hz左右,前三个共振峰的比率仍然是1:3:5。

接下来,这个收紧点逐渐往前移。也就是说前管的长短不断在缩短。我们可以在图上任意找个位置,比如说2cm处(A点),或者说前管长度只有14cm了,所以对应的共振峰都比一开始的位置高了很多。只是各个共鸣频率之间的比例关系不变,仍然是1:3:5。所以图上的这几条粗线反映出随着收紧点位置不断往前移动,前管前几个共鸣频率的变化情况。这几条曲线其实就是双曲线的一部分。因为当以L为自变量的时候,那个共鸣频率的计算公式就是一个反比函数。反比函数曲线变化不是线性的,随着前管不断缩短,越往右就增长得越快,到图的右侧就看不见了。

后管对应的共鸣频率是那几条虚线。前管不断缩短,就意味着后管不断变长。我们也可以从横轴的另一端看这个图。以右侧作为起点,开始的位置就是收紧点在声道的开口处的情况。这正好与前管一开始的情况一样,只是这回变成没有前管,只有后管。所以对应的共鸣频率跟左侧只有前管是一样的,也是一个类似中央元音的情况。随着收紧点向声门处移动,对应的共鸣频率也都迅速上升。其实情况跟前管是一样的,只是镜像对称而已。

到了这个图的两端的时候,由于基本上只有一个管有共鸣作用,或者两个管都有共鸣,但一个管的频率太高了,可以不管,所以最后产生的元音,其前三个共振峰就是这个管本身的前三个共鸣频率。在图的中间位置则不大一样,两个管子的共鸣频率混在一起了。而我们命名一个元音的共振峰,只是从最后的声学结果来看的。最低的就是第一个共振峰,其次是第二共振峰,依次编号,不会考虑这个共振峰是前管还是后管产生的。比如在B这个位置,第一共振峰是前管的第一共鸣频率,而第二共振峰是后管的第一共鸣频率。

此外,C这个区域也是一个比较重要的位置。这里有一个前后管共鸣频率交叉的位置。这个交叉的位置之所以很重要,是因为声学研究发现这里有一个很有意思的现象。当两个共鸣腔的共鸣频率接近的时候,这两个共鸣频率会互相影响,发生一种叫做耦合的现象。因为耦合,这两条曲线没有真正交叉,而是在理论上交叉位置附近产生平行的两个共鸣频率。换而言之,从调音-声学的角度来看,在这个区域收紧点无论靠前一点还是靠后一点,共振峰模式不会有太大的变化。

在调音-声学关系中,有个很重要的理论叫做量子理论(Quantal Theory)。这个理论指出,调音变化和声学参数变化之间不是一个线性关系。所谓线性关系就是 AB 两个变量,它们之间可以用一个一次函数来描述。而调音和声学之间的关系是有部分变化区间的,调音变了,声学结果也变化;但是有部分区间,调音变了,声学上没多大变化。后面那种区间就是所谓的量子关系。对于量子区间,我们发音的时候,不管调音的位置前一点还是后一点,最后的结果都差不多。或者说对调音的精确性要求很宽容。因此,位于量子区间的音就很容易发。

量子理论指出,人类的语言中可能发的元音其实很多,但是有些元音很常见,有些元音不常见。比如说我们普通话中有个[y],别说其他语言了,就是很多汉语方言都没有。而世界上最常见的元音有哪些呢?就是[i]、[a]、[u]。这三个元音正好都处在调音-声学的量子区间中。图6-2-9这段实际平行的位置就符合刚才所谓的量子区间。它所对应的位置正是元音[a]的收紧点位置。在量子理论看来,正是因为量子区间对调音要求很宽容,对应的音稳定性比较高,也比较容易发,所以才成为全世界语言中最常见的元音。

同时,我们还可以从图中观察到,这个量子位置再往右,或者也可以说元音舌位越来越靠前,对应的F2就越高。这一定程度上就可以解释元音舌位前后与F2的关系。不过,这个模型只适用于中低元音,不足以说明所有元音的调音-声学关系。

我们再来看第二类模型(图6-2-10)。这类模型主要是用来解释不圆唇的高元音的调音-声学关系。模型本身仍然是一个双管,前管也仍然是个一端封闭一端开口的管子。只是由于收紧点特

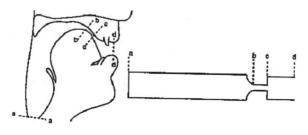

图 6-2-10　元音[i]的声管模型(Ladefoged,1996)

别窄,所以它的后管的形状就是大肚子,而出口是个细细的脖子,像酒瓶一样。这种管子比较特殊,有个专门的名称叫做赫尔姆霍兹共鸣器。它有一种特殊的共鸣频率,公式如下:

$$f = \frac{c}{2\pi}\sqrt{\frac{A}{VL}}$$

在这个公式中 C 和 π 都是常数。A 是这个酒瓶瓶颈的截面积(Area),V 指整个酒瓶的容积,L 指瓶颈的长度。赫尔姆霍兹共鸣频率的大小受到这么几个参数的影响。

图 6-2-11 的设计方法跟图 6-2-9 是一样的,其中最底下的这一条线,就是赫尔姆霍兹共鸣器中共鸣频率随着后管变化的结果。

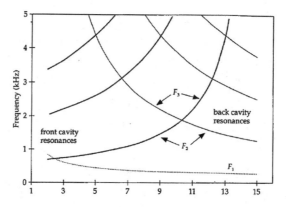

图 6-2-11　中高元音共振峰模式与收紧点位置的关系
(Johnson,2003)

这个后管除了是赫尔姆霍兹共鸣器外还有一个属性。因为它的瓶颈出口特别窄，所以同时还可以当作一个两端都封闭的管子。两端都封闭的管子的共鸣频率跟一端封闭的管子相似，只是后者的共鸣频率之间是奇数倍，而前者是偶数倍。所以对应的公式如下：

$$f = \frac{C \cdot 2n}{4L}$$

在图 6-2-11 上，后管的那些中高频共鸣频率就是这么来的。这些频率的变化，跟前面那个模型的方式差不多。另一端的前管共鸣频率也跟前面的前管一样，这里就不多分析了。

主要需要观察的地方是 F2 和 F3 的理论交叉位置。这个位置显然也是个量子区间。它比上面的 a 更靠前，其实就是元音[i]的位置。道理跟[a]也是一样的。而比较值得注意的有两点：第一个是从[i]的位置往左，也就是相当于收紧点往后，F2 是一直下降的。这个现象跟刚才的模型中[a]再往前 F2 一直上升是一致的。这就是普遍认为的所谓舌位越靠前，F2 就越高背后的调音-声学机制。

但是我们还可以观察到一个现象，如果从[i]的位置再往前（即图中往右），前管和后管共鸣频率的位置发生了交换。本来 F2 是前管的共鸣频率，但是由于比[i]更靠前之后，前管变得太短，而后管太长，以至于 F2 变成了后管的共鸣频率。所以收紧点比[i]更靠前，意味着 F2 不是更高而是更低了。跟刚才谈到的元音前后与 F2 的关系正好相反。不过在西方语音学中，这不是个问题。我们可以回忆一下元音四边形，[i]已经是最前面的元音了。而收紧点比[i]更靠前的声音就不被认为是元音。在中国以及周边一些地区，就出了一点问题。比如说汉语普通话中就有所谓的舌尖元音。很多西方语音学家并不承认我们的舌尖元音属于元音，他们认为普通话的这两个舌尖元音，都可以看做前面辅音的延伸，用成音节的辅音来表示就可以。甚至我国台湾地区一些学者也跟着把这类音称为空韵。这也是为什么我们常用的舌尖元音符号不是国际音标的原因。

但是他们这个观点是有问题的。因为把舌尖元音处理成辅音的延伸只适用于部分汉语方言,无法处理其他一些汉语方言的情况。事实上很多汉语方言,舌尖元音可以跟不同部位的辅音组成音节,甚至还可以单独成为零声母音节。在西北以及江浙皖普遍可以观察到这类现象。这些方言中的舌尖元音,除了收紧点位置之外,其他表现基本跟元音[i]差不多。所以否定它们是元音其实并不合理。

而从调音-声学关系来说,舌尖元音的F2是低于[i]的F2的,造成了所谓的调音与声学不匹配的问题。甚至有些学者因此认为舌尖元音其实是央元音,甚至是偏后的元音。其实只要对上述声管模型比较熟悉的话就知道,这种看法是不合适的。实际上元音舌位前后与F2的关系只适用于舌面元音。

下面再简单谈谈第三个模型(图6-2-12)。在前管前面加了一小截,这实际就是圆唇的作用。圆唇主要起到两个作用,一个是常见的圆唇都是嘴唇突出的,这就相当于延长了整个声道的长度。另一个作用是把前管也变成了一个两端封闭的管子。所以其调音-声学之间的关系就如图6-2-13。总体变化关系跟前两个模型其实是差不多的。值得注意的一点是,这里也有一个量子区间,正是元音[u]的区间。

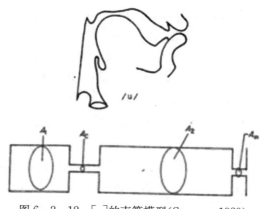

图6-2-12 [u]的声管模型(Stevens,1989)

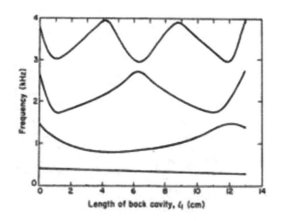

图6-2-13 [u]类元音共振峰模式与收紧点位置的关系(Stevens, 1989)

除了声管模型可以用来解释发音声学关系之外,扰动理论(Perturbation Theory)也是一个比较常用的解释模型。这个理论跟声管模型一样,都以如图6-2-14这样的一根一端封闭、一端开口、均匀粗细的直管作为起始模型。这样的管子,其共鸣频率有1:3:5:……:2n+1的关系。所以前四个共鸣频率对应的空气粒子速度分布情况,可以如图6-2-15那样绘制在声管里。对于一个简谐振动来说,我们既可以用速度变化来描写它,也可以用气压变化来描写它。这样画出来的曲线都是正弦曲线,只是两者的相位差了90度。就是当速度达到最大值的时候,压强是零,而压强为最大值的时候,速度为零(图6-2-15)。研究发现,在声道中,如果在越接近速度最大值的位置有一个收紧点,那么对应的共鸣频率就会降低。如果在接近压强最大值的位置有一个收紧点,那么对应的共鸣频率就会提高。以A点这个位置为例,它比较接近第一个共鸣成分速度的最大值位置,所以第一个共鸣频率会降低。而对于第二共鸣成分,A点接近速度为零的位置,或者换而言之是压强最大值的位置,所以它又会提高第二共鸣频率。假设前两个共鸣频率和之前一样,本来应该是500Hz和1500Hz,那么在A点收紧的结果就是前者降到只有两三

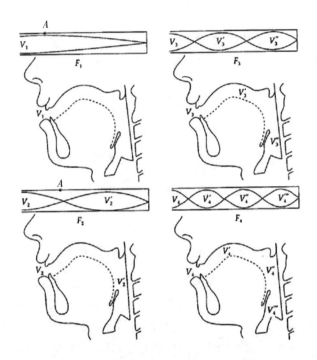

图6-2-14 一端开口管子前四个共鸣频率的粒子分布示意图(Johnson,2003)

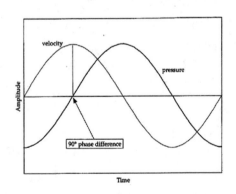

图6-2-15 粒子速度与气压分布示意图

百赫兹,后者升高到 2000Hz 左右。A 点这个位置就是元音[i]的收紧位置,而元音[i]的前两个共振峰数据也差不多是这两个数值。所以扰动理论也能很好地解释不同元音的共振峰模式。

调音－声学关系的声管模型优点是比较直观,可以很方便地把共振峰与相关共鸣腔联系在一起;缺点是不大容易解释一些比较复杂的声道构型。扰动理论用来解释多个收紧点的声音相对容易,但是它没那么直观。总体来说,这两个都是基本的模型,也比较理想化,毕竟声腔的调节无法像上面几个图那样只是简单地调节收紧点位置而其他因素都不变。还有更复杂的声学模型,这里就不再赘述。

6.3 共振峰测量

共振峰是元音最重要的声学参数。如何提取共振峰呢?让我们先看看基频与共振峰的关系。

先来合成一个频率为 1000Hz 的有阻尼的正弦波。这次我们连续合成几个 0.01s 长的阻尼波,再拼接起来。合成方法如下:

```
for i to 10   from formula
    Create Sound from formula: "tone'i'", 1, 0, 0.01, 44100, "sin(2 * pi *
    ... 1000 * x)  * exp( - pi * 200 * x)"
endfor
select all
Concatenate
```

在 Sound 编辑器里打开拼接后的声音,结果如图 6-3-1 所示,右图是其频谱图。

可以发现虽然合成的是一个 1000Hz 的正弦波,但是由于有阻尼存在,并不止 1000Hz 处有能量,而是整个频域范围都有谐波能量存在。这些谐波的振幅大小并不一样,1000Hz 位置是最强的,形成一个共振峰。谐波之间则是以 100Hz 的等距离分布,最低的谐波频率也正是 100Hz。而 100 这个数字,正是合成声音的时候每一段声

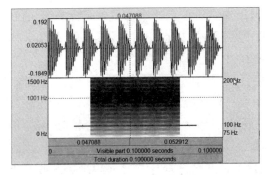
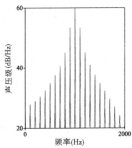

图 6-3-1 若干阻厄波的拼接与对应的频谱

波时长 0.01s 的倒数。所以,其实就是合成了一个基频为 100Hz、共振峰为 1000Hz 的复合波。

接下来可以继续实验,如果合成的复合周期波共振峰不变,而基频改变了,又会出现什么情况呢？合成脚本如下：

```
for i to 3
    Create Sound as tone complex: "'1'", 0, 1, 44100, "cosine", 100*i, 0, 0, 0
    Filter (one formant): 1200, 100
endfor
```

在这个脚本里,我们采用了先合成复合波再用共振峰过滤的办法。合成了几个峰值为 1200Hz、带宽为 100Hz 的声音。由于设置的带宽是一样的,所以可以看到这三个波形（图 6-3-2）的衰减程度都是一样的。差别只是大周期的长度不同了。反映到频谱上,无论峰值位置还是高度以及整个峰的形状,三个频谱图都是一样的,不同之处只是在于中间谐波的密集程度：基频越高,谐波就越稀疏。

具体就波形和频谱的关系来说,阻尼波内部的小周期波动决定共振峰的位置,大周期则决定基频。图 6-3-2 也符合前面声源过滤理论所说的,声源和过滤是两个独立机制。声源负责提供原始复合波,它能决定整个声音的音高；共鸣控制最后频谱的特征,不会因为基频差别而发生变化。因为从实际语音来说,基频是由声带振动

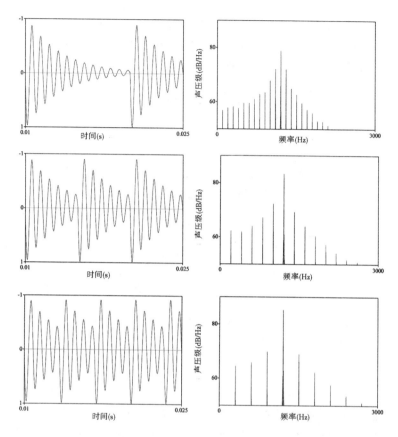

图6-3-2 基频不同、共振峰相同的波形与频谱图

产生的,它属于发声;而共振峰是由声道的共鸣特性造成的,它属于调音。两者彼此独立。比如说同一个元音,可以保持口型不变,但是音高能变高变低。实际上发普通话单元音配不同声调的时候就是做这种调节。这种情况下,调节的仅仅是声带振动速度,而共鸣特性是不变的。共鸣特性不变,意味着共振峰的位置始终保持不变。但是作为原材料的嗓音,提供的谐波是有限的,不是必然会有某个谐波正好等于共振峰,甚至可以说大部分时候共振峰值位置反而是没有谐波的(图6-3-3)。就好像上面脚本合成共振峰的时候,我们有意

识地让基频和共振峰的数字存在整数倍关系。但是由于两者是彼此独立的,也就是说整数倍的关系其实并不是常态。那么如果没有这样的数量关系时,又会出现什么结果呢?

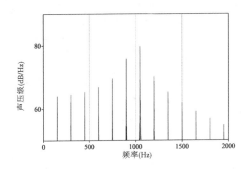

图 6-3-3 峰值与谐波不匹配的结果

下面我们来合成一个基频为 150Hz、共振峰为 1000Hz 的声音。

Create Sound as tone complex:"toneComplex", 0, 1, 44100, "cosine",
…150, 0, 0, 0

Filter (one formant):1000, 100

在图 6-3-3 中,我们可以发现,频谱最高谐波的位置并没有在我们合成的共振峰 1000Hz 的位置,而是在 1050Hz 的位置。这一点本身很好理解,因为合成的声音基频是 150Hz,其谐波频率值都是 150Hz 的整倍数。1000 不是 150 的整倍数,那个位置就不可能出现谐波。最高谐波只能是离 1000Hz 最近的第 6 谐波。因为我们合成的时候已经指定了共振峰位置,所以 1050Hz 虽然是谐波中的尖峰,但不能被认为是共振峰的位置。这个实验其实就直观反映出发声和调音的关系,两者是独立的。由于共振峰是调音特性,我们可以根据整个频谱的轮廓线来推断,但是不能直接根据最高谐波位置来确定共振峰数值。

这就带来一个问题。因为我们合成时直接指定了共振峰位置,所以自然知道共振峰在哪里。而现实的情况是我们并不知道共鸣特征是什么样的,直接面对的是没有共鸣特征轮廓线的频谱。我们需要从各个谐波之间的高低关系来反推共振峰的位置在哪里。

比如图6-3-4这几种不同的情况。它们的共振峰分别可能在哪里？A比较好判断。中间谐波最高,两边谐波与中间谐波的差值是一样的。所以共振峰肯定位于中间谐波上。B有四条谐波,中间两条等高,比各自外侧的谐波都高。左右外侧两条谐波也是等高的。这种情况下,显然共振峰不可能位于任意一条谐波上,而是应该正好处在中间两条谐波之间的中心位置。而C出现三条谐波,高度都不一样,中间那条最高,左侧的低于右侧的。这时共振峰在哪里就需要多思考一下了。两侧谐波不等高,首先可以确定共振峰不会在中间的谐波上。而左侧低于右侧,说明共振峰也不会靠左侧,只能是在右边两条谐波之间。但是具体位置就不是很好确定了,只能大概估计更接近中间的谐波。

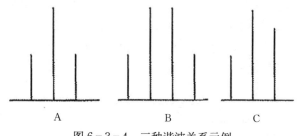

图6-3-4　三种谐波关系示例

类似这种情况,可以用手动计算的方法来推算。我们可以先以左侧谐波和中间谐波的连线作为斜边,以谐波间距和谐波差为两个直角边画一个直角三角形(图6-3-5)。很显然,由于谐波之间是等距离的,所以我们可以在另一侧翻转对称画一个一样的直角三角形。把这个新的直角三角形往上推,直到底边与右侧谐波顶端对齐。在这种情况下,把原来的直角三角形的斜边往上延伸,就会和新直角三角形的斜边有个交点(即箭头所指位置)。这个交点位置就是共振峰所在的位置。

当然,这只是找到共振峰的一个最基础的办法,可以帮大家更直

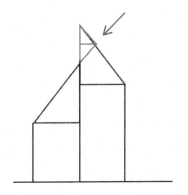

图6-3-5 手工推算共振峰位置的示例

观地了解共振峰的位置。但实际测量的时候,其实并不会这样算,因为这样太麻烦了,效率很低。软件寻找共振峰使用的是另一个算法。

在介绍这个算法之前,先讲一个相关的问题,叫做数字滤波。我们前面其实已经用过一些数字滤波功能了,比如低通高通滤波之类的。包括之前使用的 Remove noise 方法,都是数字滤波。滤波的本质就是把一些东西过滤掉或者削弱,把另一些东西留下或者加强。共鸣就是一种滤波。下面让我们看一些简单数字滤波是怎样进行的。

Create Sound from formula:"sine", 1, 0, 1, 10000, "1/2* sin(2* pi* 500* x)"
Create Sound from formula:"sineWithNoise", 1, 0, 1, 10000, "1/2* sin
  … (2* pi* 500* x) + randomGauss(0,0.03)"
Copy:"noiseSmooth"
Formula:"(self [col] + self [col+1] + self [col+2] + self [col+3] + self
  … [col+4])/5"

录音的理想状况当然是没有噪音,但是噪音是没办法完全消除的,比如环境噪音或者线路噪音等,我们只能尽量减少噪音。所以实际录音的结果总是在我们想录的声音里夹杂着一定程度的噪音。我们可以用以上的脚本来模拟理想状况和实际结果的差异。第一句是合成了一个纯音,因为是合成的,所以里面没有噪音,其波形如图6-

3-6A 所示,是一条很光滑的正弦曲线。而第二句是合成了一个叠加了随机噪音的纯音,其波形如图 6-3-6B 所示,在正弦曲线上多了很多很小的毛刺。是否有办法可以把它做一些处理,让它恢复成原来的光滑的正弦波呢?比较两个波形可以发现,原始信号是一个比较低频的振动,加进去噪音都只表现为小毛刺,也就是说总体振幅比原始信号要弱,而且频率高很多,对原始信号的主体形态没有多少改变。

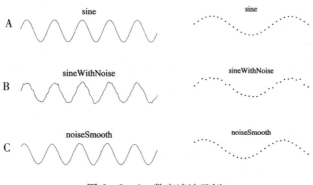

图 6-3-6 数字滤波示例

当把这些波形放大了看,毛刺是有高有低的,如果取几个点平均的话就可以把多出来的东西给抵消掉。比如说先取前 5 个点平均,当成第一个点的数值,然后取第 2 到第 6 点平均,作为第二个点的数值,如此不断继续这个过程。这种办法叫做滑动平均。平均之后就会形成一个新的声波。我们的脚本就是先把那个混有噪音的 Sound 对象先复制并改名成 noiseSmooth,然后就这么连续平均。最后的结果如图 6-3-6C 所示。很显然,跟原始信号的波形已经比较像了。虽然还没做到跟原始信号一模一样,但是至少已经把相当多的噪音成分都通过这种计算方法给过滤掉了。这就是一种数字滤波,可以用来过滤掉一些高频噪音。如果用数学表达式来说,就是这样的等式:

$$Y_n = \frac{1}{5}X_n + \frac{1}{5}X_{n+1} + \frac{1}{5}X_{n+2} + \frac{1}{5}X_{n+3} + \frac{1}{5}X_{n+4}$$

这个公式的意思就是当前点的新值等于当前点和后面四个点的原始值均值。当然也可以取更多点，或者也不一定要取当前点和后面的点，也可以取当前点两侧的多少个点，或者当前点前面的多少点都可以。进一步还可以把每个点的系数做一些改变。这个式子每个点都是乘以 1/5，那是不是可以稍微再改变一点点。因为要求是第 N 个点这个位置，是不是当前点的数据更重要一些，离它越远的数据点越没那么重要。所以可以每一项用不同的系数。比如当前点是乘以 2/5，最近的两个点乘以 1/5，再远一点的两个乘以 1/10。这同样也是一种数字滤波。

总之，我们可以利用选点方法和系数取值的变化，设计出各种不同的数字滤波。前面使用的那些滤波不论简单复杂，基本思路就是这样的。

显然我们也可以用某个点前面若干个点各乘以一定的系数，而不用这个点本身的数据来确定新的数值。比如下面这个公式同样也符合数字滤波的思路：

$$Y_n = a_1 X_{n-4} + a_2 X_{n-3} + a_3 X_{n-2} + a_4 X_{n-1}$$

这样的滤波其实相当于用前面的数值预测后面的数值。接下来要介绍的一种算法就跟这种滤波方式紧密相关，它叫做线性预测编码（Linear Predictive Coding，LPC）。比如有一个声波，如果已知前面几个点的数值，那么有没有可能预测后面点的数值呢？显然，如果是一个规则的波形，尤其是正弦波，大概不需要前面有太多点就可以推测后面的数值。

当然，再有规律的波形，也是前面点越多就越容易预测后面的情况。比如说，如图 6-3-7A 这样只有 4 个点，要预测第 5 个点有点难度，如果有如图 6-3-7B 这么多点，再要预测后面的点就容易多了。一般来讲，波形越复杂，需要的点就越多。

回到前面讲的共振峰问题。共振峰实际上就是一个阻尼振动。

我们可以把一个阻尼波前十个点的数值都列出来（表 6-3-1）。通过这些数字，可以发现，想要知道第 N 个点，只需要前面两点

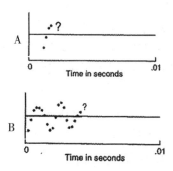

图6-3-7 通过已知点来推测未知点的示例(Ladefoged,1996)

就可以预测,也就是这个公式:$y_n = 1.5y_{n-1} - 0.86y_{n-2}$,或者也可以说,只要两个系数就可以确定一个阻尼波。

表6-1 阻尼波对应的函数(**Ladefoged,1996**)

点序号	振幅	点序号	振幅
1	54	11	26
2	82	12	38
3	76	13	36
4	43	14	20
5	0	15	0
6	-37	16	-18
7	-56	17	-26
8	-52	18	-24
9	-30	19	-14
10	0	20	0

由于共振峰其实都是阻尼波,提取共振峰其实就相当于在原始声波中提取出若干个阻尼波出来。那么简单来讲,其实就是理论上这段声音里有 n 个阻尼波,只要通过一定方法(具体方法比较复杂,本书就暂不展开介绍了)求出 2n 个系数,或者说利用 2n 个点就可以提取出这些阻尼波来。接下来的问题就是存在多少个阻尼波或者共振峰。根据前面的扰动理论可知,不同音质元音的共振峰,其实都可以看作在中央元音的共振峰基础上经过扰动或者变高或者变低,而

共振峰数量没有变化。中央元音的共振峰模式很简单,如果是17.5cm长度的声道,那么基本上每1000Hz有一个共振峰。所以共振峰数量也很容易确定,只要根据声音文件的采样率来推测就可以了。比如采样率为10000Hz的声音,其频率上限为5000Hz,所以理论上应该有5个共振峰。

在Praat中,直接使用LPC操作的步骤如下:选中Sound对象后点击"Analyse spectrum＞To LPC＞To LPC(autocorrelation)…"。跟Pitch分析一样,在To LPC下也有好多选择,对于初学者主要使用第一个autocorrelation。点击后会出现一个对话框(图6-3-8)。

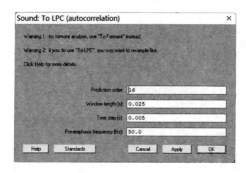

图6-3-8 LPC设置对话框

我们主要需要修改的第一个文本框Prediction order,也就相当于刚谈到的需要几个系数或者需要几个点。这个数字取决于Sound对象本身的采样率。这一步应该在LPC分析之前就完成的。比如可以使用Query里的Get sampling frequency。更常见的做法是直接不管这个Sound对象的采样率,而先把声音更改采样率为10000Hz。这是因为5000Hz以上的共振峰数据对于语言信息来说已经没什么用了。我们可以使用Convert里面的Resample…来新建一个采样率为10000Hz的Sound对象,然后进行LPC处理。既然采样率是10000Hz,自然这里的数字应该填10。不过5000Hz以内有5个共振峰只是一种理想状态,实际总会有其他很多因素也影响发音。一般这个参数的处理会再加2。这样就应该填12。当然,最后是不是加2需要看看实际测算的结果,只能说这是比较常规的处理。

填完这个参数后,点击OK。在对象区就出现了一个LPC对象。这个对象跟之前的对象不大一样,它无法用编辑窗口打开,所以没有对应的Edit键。需要先点击To Formant生成一个Formant对象。这个对象虽然也不能用编辑窗口打开,但是可以画到绘图窗口,如图6-3-9所示。对照相关的语图(图6-3-10)比较一下,可以发现结果基本是可靠的。

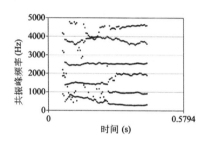 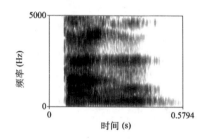

图6-3-9 共振峰轨迹　　图6-3-10 共振峰与对应语图的比较

如果需要看特定位置的频谱,可以使用"To Spectrum (slice)...",在跳出的对话框里填入相关时间,就会出现一个新的Spectrum对象。打开这个对象,如图6-3-11所示。

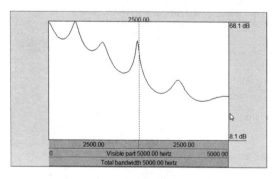

图6-3-11 频谱上显示的共振峰

这个频谱图跟之前看到过的宽带频谱图比较像。这个实际上是经过 LPC 平滑得到的频谱轮廓线，所以能够反映语音的主要特征。这种操作往往被用于画出窄带频谱图并叠加频谱包络。比如以下这个脚本就可以初步实现这个功能。

```
name1$ = selected$ ("Sound")
Resample... 10000 50
name$ = selected$ ("Sound")
Edit
editor Sound 'name$'
    pause 移动光标到需要的位置，语图调成窄带
    weizhi = Get cursor
    View spectral slice
endeditor
Erase all
Black
Draw... 0 5000 0 0 no
Remove
select Sound 'name$'
To LPC (burg)... 12 0.025 0.005 50
#提取对应的 lpc 包络频谱
To Spectrum (slice)... weizhi 20 0 50
Blue
Draw... 0 5000 0 0 yes
Remove
select Sound 'name$'
plus LPC 'name$'
Remove
select Sound 'name1$'
```

这个脚本需要在对象窗口下的脚本窗运行，只有时间一小段代码会调出编辑窗口。使用前需要先选中要分析的 Sound 对象。最

后可以得到以下这样的图(图6-3-12)。

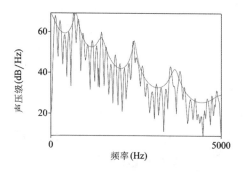

图6-3-12 窄带频谱和利用LPC做的谱包络线

由于通过点击LPC来得到共振峰的操作比较复杂,而且参数设置有点麻烦,因此Praat提供了一个更加直观的方法。点击"Analyse spectrum>To Formant (burg)…",点击后出现下面的对话框(图6-3-13)。

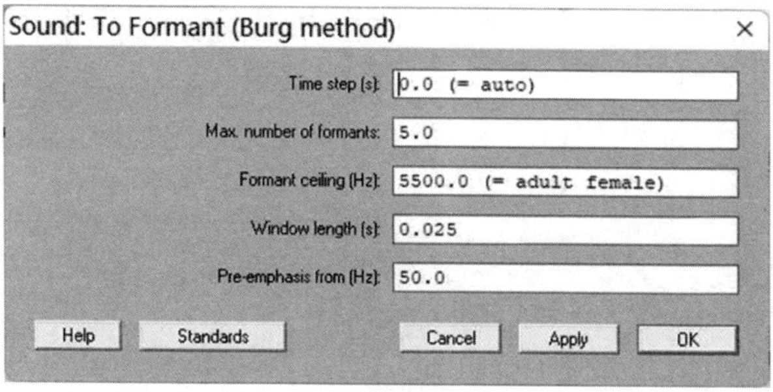

图6-3-13 共振峰测量的设置对话框

我们主要修改两个参数:Max. number of formant 和 Formant ceiling。前者实际上就相当于前面的Prediction order,只是用了一个更直观的表达方式。一般只需要前面几个共振峰,所以经常用默认值5。后者实际上相当于指定程序在后台把声音改变采样率,默认值为5500.0(= adult female),相当于采样率改为11000Hz。之前我们是基于成年男子讨论的,使用的声道长度为 17.5cm,对应下来是每 1000Hz 有一个共振峰。但是女子的共鸣腔要比男子短一些,相应整体共鸣频率也会更高。一般我们认为每 1100Hz 有一个共振峰。我们一般会根据发音人的性别来填这个参数,男子填 5000,女子填 5500。当然,这只适用于成年人,如果是儿童,可能得改成6000。其实理想状况是应该按照发音人的声道长度测算一个更合理的值,毕竟成年男子之间的体型差异也是非常大的。但是这一点很难做到。所以常规还是根据性别来定。点击 OK 后也会生成一个 Formant 对象。本质上这样操作用的算法依然是 LPC。

  这样操作虽然比直接使用 LPC 要方便一些,但是仍然存在一些缺点。一个是无法直接打开查看,另一个因为自动共振峰提取的错误率比测算音高还要大,提取结果是需要跟语图对照看的。这一点也不大容易实现。所以实际操作的时候,我们更多地利用 Sound 编辑器。在这个编辑器里有 Formant 菜单,可以点击 Show formants 让共振峰显示出来。共振峰就会叠加在语图上面。比较语图和共振峰结果,如果不合适,就需要到 Formant 菜单中,点击 Formant settings 来调整测量参数。跳出的对话框跟图 6-3-13 大同小异,主要是参数项的排列顺序不同。我们同样也是调整那两个参数。先根据性别填好 Formant ceiling,然后改变 Formants 的数值。大部分情况用 5 是可以的。但是偶尔出现像[u]这类两个共振峰靠得特别近的元音,用默认值很容易把两个共振峰当成一个。这时就需要把 5 改成 6,甚至 7。一般来讲 7 很少用到,而更高的数字就更不会用了。如果发现数字还是太小,那很可能是把元音的音质搞错了。

  由于元音音色差异很大,不同录音质量也会影响提取效果。所以这里很难给出一个统一的参数供大家使用,只能在实践中尝试。一般来说,要确定共振峰是否提取合适,有这么几点值得注意。首先自然是观察语图,共振峰在语图上一般还是比较清晰的,是明显深色的横杠。共振峰提取算法得到的数据点也应该重叠在横杠的中心位置。如果横杠上没有共振峰点,或者共振峰点在非横杠的位置,那就可能参数设置有问题。其次需要对比自己提取到的数据与前人文献中相似元音的数据。虽然说不同语言中相同音标代表的元音音色不会完全一样,但是结果差异也不会太大。如果差异过大很可能是自己的参数设置有问题。再次可以点击 Formant 菜单下的几个 Get bandwidth 菜单项。一般来说,哪个共振峰的带宽大于 500Hz 了,那么这个共振峰很可能是提取错了。而最后要得到共振峰的具体数值,可以使用 Farmant 菜单下面的 Formant listing 或者 Get formant。

共振峰测量总体来说还是比较麻烦,其自动测量的错误率远大于基频测量。主要可能是以下几个原因造成的。首先,声道实际的构造非常复杂,并不会如理想中那么均匀粗细,只有一两个收紧位置。再加上算法的问题,偶尔会测量到一些与语言信息无关的共振峰,甚至出现所谓的虚假共振峰(Spurious Formant)。其次,有些元音相邻共振峰频率差异很小,难以区分,只能采取增加系数的办法来解决。比如在测量复合元音的时候,参数设置很可能会照顾了其中一个音素就让另一个音素测量结果出现偏差。另外,高音调语音的共振峰很难提取。比如一个女声,基频就已经达到 300Hz,其前几个谐波就已经分别为 300Hz、600Hz、900Hz。要是前两个共振峰都在 1000Hz 以下,几乎就无法准确测量出来了。总之,跟基音周期估计一样,目前尚没有一个完全准确的估计方法。

在实际测量中,我们看到的元音共振峰都是一条条轨迹,但是如果是单元音,实际上只需要一个时间点的数据就够了;而如果是复合元音,比如双元音,只需要两个音素的数值也就够了。因此,如果不是研究有特殊的要求,完全无需把整个共振峰轨迹都测量一遍。大多数情况,只要测量一个元音中的代表性位置的共振峰数据。具体来说,单元音可以测量元音的时间中点,如果偶尔正常中点位置共振峰轨迹不够稳定,那么也可以选择一个相对稳定的位置。如果是双元音,一般可以选择元音两端但不是最靠近边缘的位置。比如从边缘向内 10ms 的位置,或者根据元音的音质,选取一个共振峰的代表位置。如果是[ai]，要测量第二个音素[i]，因为[i]是前高元音，所以可以选一个结尾部分 F1 最小、F2 最大的位置作为[i]的代表位置。

测量完一个语言的元音数据后，我们就可以画声学元音图。可以先利用 Praat 内置的数据来画一个（相关脚本请参见附录2）。

做声学元音图，既可以用前两个共振峰作为两个坐标轴，也可以用 F2－F1 作为横轴，F1 作为纵轴。两种做法本质上没有太大差别，这里就简化，只画 F1/F2 平面的声学元音图。测量的原始值都是频率值，我们在感知部分已经了解到，人耳对频率的感知是非线性的。所以为了更好地贴近人对元音共振峰的主观距离感，原始的频率值一般还会转换成 Bark 值。不过为了数据阅读方便，坐标轴上标注的数据还是频率值。

这个绘制元音图的脚本是基于 TableOfReal 对象编写的。在运行之前一定要保证在对象窗口里元音数据以 TableOfReal 对象形式被选中，否则运行就会报错。所以，需要先准备一个数据文件。在 praat 主窗口点击"New＞Tables＞Data sets from the literature＞Creat tableofreal(pols 1973)"，这样就生成了一个新的 TableOfReal 对象。这个对象存储了 Pols 等人 1973 年对荷兰语 50 个男子 12 个单元音共振峰数据测量的结果。我们可以点击"Save＞Save as headerless spreadsheet file"，把这个对象保存成一个文本文件。如果用记事本打开，这个文本文件的格式就是，第一行是行标注"rowLabel F1 F2 F3"，第一列是元音的音标。元音音标输入有两种方式。一种是直接输入 Unicode 编码的国际音标，另一种是输入 Praat 自定义的音标转写符号。转写符号可以在绘图窗口的"Help＞Phonetic symbols"查看相关的转写法。

后面三列分别是前三个共振峰的数值。以后要画其他语言的声学元音图，只需要按照这个文件的格式填入对应的数据，然后利用"Read TableOfReal from heoderless spreadsheet file…"读入。这里需要提醒一下，不要直接用"Read from file…"方式打开。因为这个格式直接打开,就会读入成一个 Table 对象。脚本不是基于 Table 对象,而是基于 TableOfReal 对象编制的,所以脚本无法使用 Table 对象来运行。

常见的声学元音图可以只做各个元音平均位置的散点图,也可以做全部样本的元音散点图。我们可以先试着画一个全部样本的散点图。运行脚本后就出现一个对话框(图 6-3-14)。

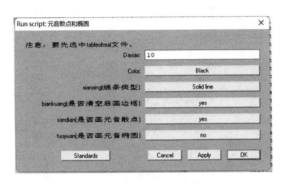

图 6-3-14 绘制元音散点和椭圆的对话框

其中 Daxiao 这个变量是填写图中元音符号的字号大小。由于要画出所有样本,字号不用太大,可以用默认的 10 号。变量下面有两个选择按钮,是选择绘制的线条类型和颜色。其中线条类型暂时不用改,颜色可以先选择 Grey。然后调整底下三个选择按钮。第一个是选择是否绘制边框。如果选择 yes,绘图窗口就会先被清空,然后绘制出声学元音图的边框。在第一次绘制的时候应该选 yes。而如果是打算在已经绘制的图上再叠加图层,则应该选 no。第二个选择按钮就是选择是否需要绘制元音散点了。可以选择 yes。至于画的散点是元音的平均位置还是全体样本,则取决于 TableOfReal 对象里的数据。如果里面存了全体样本的数据,可以在选中这个对象的基础上点击"Multivariate statistics>To TableOfReal (means by row labels): "no""。这样就会生成一个存有各个元音共振峰平均值的 TableOfReal 对象。最后一个选择按钮是选择是否绘制元音椭圆。可以暂时先不画,选择 no。

散点图显示了所有样本的位置,有些元音的数据点都混杂在了一起。要清晰显示各个数据点的分布区域,就需要做元音椭圆。我们的脚本里,元音椭圆可以包含 95% 的数据点。可以重新运行脚本,biankuang 和 sandian 都选 no,tuoyuan 改成 yes。另外,为了跟之前的散点有区别,可以把颜色改成 Black,字号 daxiao 改成 24。这样就可以把椭圆图叠加在散点图上面。最后的效果如图 6-3-15 所示。

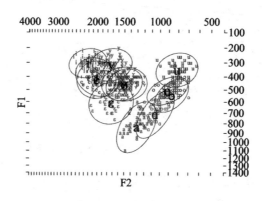

图 6-3-15　荷兰语元音散点和椭圆

F1/F2 平面的声学元音图,主要体现了元音的高低与前后关系。但是也有一些语言是有圆唇元音的,而且可能与舌位前后高低都一样的不圆唇元音形成对立。比如图 6-3-16 中的元音[y],可以看到,它的位置和元音[i]并不重合,而是基本都分布在元音[i]的右侧。因为这毕竟只是声学元音图,并非真正的元音舌位图。在发音上,圆唇一般会伴随凸唇。从发音声学原理来说,这相当于把整个声道都加长了。这样起到的一个效果就是把所有的共振峰都降了下去。所以在国际音标元音表中,圆唇元音也总是放在不圆唇元音的右侧。不过这不是圆唇元音最主要的特征。圆唇元音影响最大的是 F3。如果我们换一种画法,以 F3 为横轴,就可以体现出圆唇元音和不圆

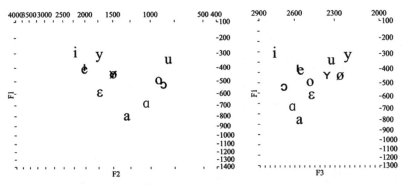

图 6-3-16 F1/F2 平面的声学元音图　　图 6-3-17 F1/F3 平面的声学元音图

唇元音的差别来了(图 6-3-17)。复元音的作图相对要麻烦一些，需要有首尾两端的数据。这里先提供一段简单的脚本供大家参考：

♯制作双元音起止箭头图
♯先定义数据范围，并画出箭头
Axes... 2800 400 1000 200
♯画边框和刻度
Draw inner box
Marks right... 5 yes yes yes
Marks top... 7 yes yes yes
Text bottom... no F2
Text left... no F1
Text top... yes 双元音[ai]
qianf1 = 800
qianf2 = 1600
houf1 = 300
houf2 = 2400
Draw arrow... qianf2 qianf1 houf2 houf1
♯音标标注，位置放在箭头的中间
zhongf1 = (qianf1 + houf1)/2

zhongf2 = (qianf2 + houf2)/2
Text special... zhongf2 Centre zhongf1 Half Times 20 0ai

脚本运行的结果如下图(图6-3-18)。

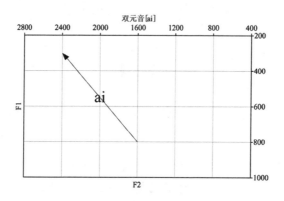

图6-3-18 复合元音箭头绘制示例

读者可以根据这段脚本并结合之前单元音的画图脚本,做出更完善的脚本来。

6.4 共振峰数值的标准化

元音最重要的声学参数是共振峰频率。原始的共振峰数据中除了包含有该方言元音的音位信息之外,还受到社会语言学差异、个人发音生理结构、发音时情绪状态以及其他一些随机因素的影响。比如图6-4-1A展示了苏州话男女发音人的元音系统。由于两组发音人的生理差异,虽然他们说的是同一种方言,但是每个对应元音在F1/F2声学空间的位置都很不一样,甚至元音系统的整体大小、位置也都有明显差异。虽然声学数据差异很大,人们交流却不会存在障碍。这是因为人的大脑中存在某种机制,能够在交际的时候从原始声学信号中提取出相关的语言信息。

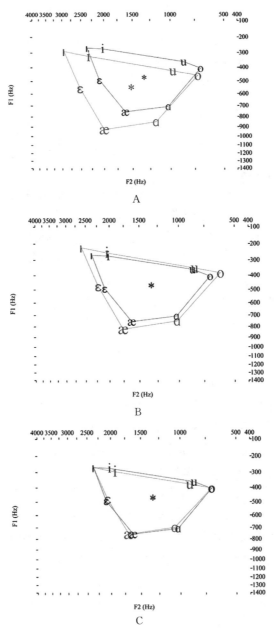

图6-4-1 元音共振峰数据标准化的基本处理过程

在语言研究中也是一样,除了如音位信息这类与语言学相关的信息外,多数信息也没什么用处,保留了反而会干扰研究。因此在元音分析时,原始声学数据往往需要经过一定的数据处理,来消除那些非语言学因素造成的数据差异,从而得到"纯粹"语言学意义上的与元音音位音质直接关联的声学信息。这类数据处理的方法就是所谓的元音标准化(Vowel Normalization 也译为元音规整、元音归一化)。元音标准化算法其实就是在一定程度上模拟人类语言交际中的元音识别过程。

标准化的算法非常多,声调一章介绍的 T 值法就是一种利用数据最大、最小值来进行的数据标准化算法,同样也可以用于元音共振峰数据的处理。不过在元音数据的处理中,这种办法较少使用。最简单也最常用的办法是 Z-Score 法。声调数据处理中的 LZ-Score 法其实就是这个办法的一种应用。只是在元音数据里,F1 和 F2 的数据需要分别处理。公式和声调数据处理一样:

$$Z = \frac{x - \mu}{\sigma}$$

其中 x 是某个共振峰的具体数据,μ 是发音人对应共振峰的均值,σ 是发音人对应共振峰的标准差。比如以 F1 为例,x 就是实际测到的某个样本的原始 F1 数据,μ 是发出该样本的发音人所有元音 F1 值的均值,σ 是发音人所有 F1 的标准差。

这种算法的思路其实就是在分子上用减均值的办法先移位对齐两个系统的中心(图中用星号来标注),其结果如图 6-4-1B 所示。经过这样的调整,两组发音人的元音系统差别就比图 6-4-1A 小了很多。图中可看出,两组数据的差异还表现在整体系统空间大小不同。因此再用除以标准差的方法来缩放,从而得到如图 6-4-1C 所示。从这张图我们可以看出,男女发音人对应的元音已经重合度较高了。

第 7 章　如何进行辅音分析

在前面介绍的语音分类中,音素可以通过 5 个参数来分类。除了"可持续的、中央的、口音的,舌面或舌咽的近音和共鸣音"之外,其他音素都可以归入辅音范畴。和元音不同,辅音是一个大的类别,内部成员之间主要的相似之处在于出现的位置,而非其语音性质,所以无法笼统地介绍如何分析辅音。在传统辅音描写中,则只有发音部位和发音方法两个维度。其中的发音部位基本等价于本书采用的 5 个参数中的纵向,不同类型辅音在这个参数上有一些共性。发音方法则不但对应了剩余的 4 个参数,还涉及一部分发声的性质。发声问题将在第 8 章介绍。本章主要介绍语音性质。

7.1　研究发音部位最经济高效的一种方法

前文我们一直在利用 Praat 进行语音分析。分析的也主要是语音的声学特征。辅音的发音部位在声学上同样也有一些特征可以提取。不过还有一种更直观的方法可以直接观察发音部位,而且这种方法并不需要专门的仪器设备,花费低廉,非常适合田野调查。这种方法就是所谓的发音舌位腭位静态照相法。

舌位腭位静态照相法是一种从 19 世纪开始使用至今的语音调查方法。所需要的主要工具就是一台相机(现代手机照相也足以胜任)和一面镜子。其余就是一些耗材,主要包括:碳粉、食用油、画笔、纸巾、牙膏、牙刷、棉签、酒精棉球、一次性雨衣等。

舌位腭位照相的方法很简单,就是在发音人口腔上腭或者舌头上涂上颜色,然后让发音人发音。这样口腔中没涂色的另一边,接触到涂色的部分就会被染上颜色。照相后,可以根据染色的部分来判断不同音素的发音部位了。

其中的染料是用碳粉和食用油现场调配的。碳粉可以通过在医药商店购买医用活性碳丸(用于缓解胃胀气等)后自行磨粉的办法获得。现在也有一些地方制作炭黑食品,可以直接购置到现成的食用碳粉。食用油可以用凉拌食品的普通色拉油,或者为了让发音人感觉更好一点,可以用高档一点的橄榄油。碳粉和油大约按一比一的比例调和。之所以要现场调配,主要是为了减少发音人的疑虑。

舌位腭位照相其实分为舌位照相和腭位照相两个独立部分。因为实验总是需要把主动、被动部位的其中一种完全涂黑,从而来观察另一边接触后变黑的位置。一次照相是无法同时了解主动、被动部位情况的。一个辅音至少需要两次照相才可以完成对主动和被动部位的数据采集。一般总是先把所有辅音的舌位采集完,再采集所有辅音的腭位数据。这样无论对实验者还是发音人来说,流程比较固定,不容易犯错。分两次采集的缺点是,两次得到的结果不一定完全匹配。但这无法避免,因为没有人能保证同一个音每次发音都完全一样。

在进行正式采集之前,需要先给发音人穿上一次性雨衣或者围裙之类的东西。因为实验过程中,会不断刺激发音人的口腔,口水、染料滴下来的情况十分常见。利用一次性雨披之类的东西,可以防止沾染发音人的衣物。发音人还需要先刷一下牙,彻底清洗口腔。后面实验过程中,每拍一个音素,都要再去刷牙,清理口腔。实验过程中最花时间的就是这个清理过程。牙刷最好购置那种刷毛特别柔软纤细的,这样方便发音人用牙刷清洗舌面。

口腔清理完成后,需要发音人用纸巾把舌头和上腭先擦干,然后我们给发音人的上腭和舌头拍照,方便后期对比。后面实验过程中,每次涂染料之前,也需要发音人擦干舌头和上腭,否则染料不容易着色。

准备工作完成之后,就可以正式开始舌位照相了。拍照之前,需要先用画笔把发音人的上腭涂黑。涂黑的时候一定要注意画笔深入口腔的程度,尤其在涂靠里面的部分时,动作一定要快速果断,以免引发发音人不适乃至恶心。另外,一定要注意不要让染料滴落在舌面上。如有滴落,要用棉签擦拭干净。也可以考虑用化妆棉之类的东西先放在舌头上,使舌头始终保持干净的状态。涂完染料,就可以让发音人读一个实验音节了。

因为静态照相是无法分辨发音部位接触时间的,如果发音过程中发音部位发生了多次接触,最后拍到的结果就是所有这些接触的叠加。所以实验音节尽量采用 CV 或者 VC 结构的音节,其中的 V 最好是中低元音。这样可以最大限度地减少目标辅音之外的其他音素对发音部位的影响。如果想了解动态接触过程,则需要使用电子腭位仪之类的专门实验设备,此处不多赘述。

第一次发音的时候,发音人可能不是很适应,发音不到位。所以开头的一两个音节有可能需要后面重拍。一般来说,做了两三个音节后,发音人都能够进入正常发音的状态。发音人发音完毕后,让发音人伸出舌头拍照。拍照本身没有太多技巧可言,注意不要虚焦就可以了。为了把舌头上的接触痕迹拍清楚,需要发音人尽量把舌头顺着下唇伸出。这对发音人来说比较辛苦,需要拍摄和发音人伸舌头的动作配合好。一般的办法就是先让发音人保持舌头不要接触上腭。在准备按下快门的时候,再让发音人伸出舌头。拍完照片,先要仔细回看一下拍摄的结果。不要急着让发音人去清洗口腔,而是让他继续保持嘴巴微张,舌头不接触上腭的状态。如果拍摄不理想,可以马上补拍一张。确定没问题后,再让发音人去漱口、刷牙。后面就是不断重复这个过程。

全部舌位照相结束后,就需要进行腭位照相。腭位照相的过程基本跟舌位照相一样,只是涂黑的位置相反,需要先将舌头涂黑。然后同样让发音人说出实验音节。不过舌位拍照只要让发音人伸出舌头就可以拍,而拍上腭无法用这种方法。所以需要发音人在嘴里放一面镜子,拍摄时,让发音人尽量张大嘴,镜子呈45°顶住上腭后部,这样就可以拍下整个上颚的样子。这个镜子材料本身没有特殊的讲究,只要宽度跟口腔大小类似就可以了。如果为了轻薄好用,可以考虑采用不锈钢镜子。拍摄腭位和拍摄舌位一样,不用着急让发音人张开嘴,到快按快门的时候再叫发音人张开嘴,一手扳住镜子的外端。由于口腔内比较暗,拍摄的时候可以考虑加一个外在光源或者强制闪光。

图7-1-1左是Dart(1998)做的舌位图。照片中舌头已经部分被染料染黑。染黑部分代表了舌头与上颚接触的部分。其中左右黑色连接的部位(对于塞音是染料连接部分,对于擦音就是左右黑色最接近部分)就是舌头与上颚形成阻碍的部分,或者说主动发音部位所在。Dart(1998)把这部分的发音位置又进一步划分成四种类型:舌沿、上舌尖、舌叶和舌尖加舌叶。其中舌沿和上舌尖属于舌尖音类型。舌尖加舌叶也属于舌叶音类型。不过舌叶位置判定主观性很强,不同研究者的标准不完全一致。更重要的还是在语言系统中是否存在对立。

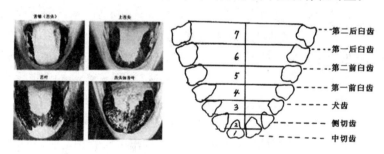

图7-1-1　左:舌尖与舌叶发音部位的舌位图(Dart, 1998);
　　　　右:上腭根据牙齿划分的分区(Firth, 1948)

调查被动部位是观察上腭染色的部位。上腭不像舌头那样形状无法固定,还没有参考点帮助判断,上腭可以用牙齿作为参考来确定不同的位置。根据Firth(1948)对上腭划分的分区(图7-1-1右),大致可以划分成7个区域:1是"切齿"、2是"前齿龈"、3是"齿龈"、4是"后齿龈"、5是"前硬腭"、6是"中硬腭"、7是"后硬腭"。其中1、2区大致对应被动发音部位的"齿",6、7区对应"硬腭"。用这种办法确定的发音部位与之前定义的部位有时会有微小差异,但从操作上来说比较方便,尤其在静态腭位做图的研究中使用比较广泛。这些内容在解读腭位图的时候会用到。

7.2 塞音

7.2.1 塞音的发音过程

塞音是一大类辅音的总称,其共同特征就是在声门到双唇的这条管道出现完全的闭塞。由于主动、被动发音器官之间不可能出现比完全闭塞更近的距离了,所以从"高度"这个维度来讲,塞音是高度最高的。

传统上对辅音的发音过程,一般分成成阻(Approach)、持阻(Hold)和除阻(Release)三个阶段,并且往往以塞音作为例子。其实就是因为只有爆发塞音一般才可以完整地分出这样三个阶段,其他音就不一定能找出这么清晰的三阶段。Trask(1996)的《语音学音系学词典》把这种三阶段划分的方法称为爆发音理论(Plosive Theory),且认为这种划分并不适用于所有辅音。

不同的辅音在世界语言中的出现频率差别很大。有些辅音出现的频率远高于其他音,其中塞音几乎出现在所有语言中(Maddieson,1984)。塞音本身是个很大的类,其中最常见的是肺呼气爆发音,这类音也往往被直接称作塞音。爆发音在英语中与之对应的术语是Plosive。为了大家阅读方便,除了某些必要的地方需要专门说明而使用爆发音外,多数情况下直接用塞音一词来指称爆发音。

塞音的持阻也就是它维持闭塞状态的阶段。不同塞音闭塞时间长短不一,常见都在20ms~100ms范围内。在传统术语框架中,塞音的发声类型归入发音方式,涉及清浊和送气不送气两类参数。其中的清浊就是指闭塞阶段声带是否振动,而送气不送气描述的不是闭塞段的情况而是塞音除阻之后的表现,但这两个参数往往放在一起讨论。在汉语普通话中主要有清不送气和清送气塞音的对立,而在有些语言如法语中,则有清浊塞音对立。下面是几个塞音的波形图和语图。

图7-2-1是一个清不送气塞音。以箭头分隔成前后两个部分。前面部分波形呈现为水平的直线,对应语图是一段空白段。这就是塞音的闭塞或者持阻阶段。由于清塞音声带不振动,声道又完全闭塞,没有气流逸出,因此这个阶段实际就是个无声段。如果塞音前面没有其他音,我们就无法区分这个静音段中到底哪部分是还没开始发音,哪部分是清塞音的闭塞段。

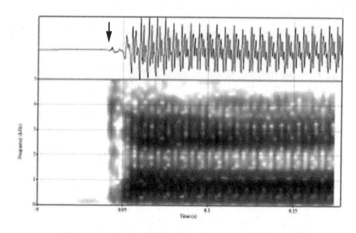

图7-2-1　一个清不送气塞音的波形图和语图

箭头指示的位置在波形图上是一个突发的脉冲凸起,这个脉冲标志着除阻的开始。由于阻碍忽然打开,口腔内的高压气体就会瞬间冲出,导致一个爆发,其声学结果就是产生一个瞬间脉冲。这种脉冲其实就是一个猝发波,对应语图则是贯穿频域的冲直条。在脉冲之后,波形上出现一些不规则的振动,对应在语图上则是一段乱纹。这是气流冲出口腔后形成紊流的声学表现。再往后的波形就开始出现比较规律的周期振动。而语图则变成了明暗相间的浊音脉冲周期。这就开始进入元音阶段了。

而图7-2-2所示的清送气塞音无论波形还是语图,其实与清不送气塞音很相似。主要区别就在于波形上破裂脉冲到周期振动之间的不规则振动段的时长,语图的表现则是乱纹段的长短不相同。

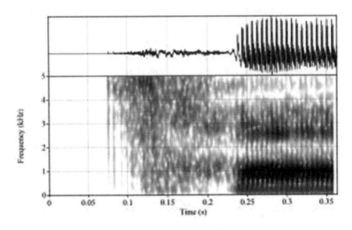

图7-2-2　一个清送气塞音的波形图和语图

图7-2-3所示是浊塞音。在破裂脉冲前的闭塞段与上述两个清塞音差别非常明显,不再是静音段,而是有明显的周期波形,体现在语图上则是贴紧频域底部的一条黑杠,这就是所谓的浊音横杠。

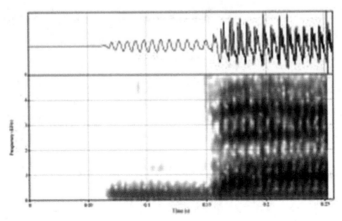

图7-2-3　一个浊塞音的波形和语图

如果放大闭塞段的波形,可以看到其波形非常简单,接近正弦波。这是因为闭塞时声道软组织会把声门波中的高频能量统统吸收掉,只有低频能量才可以透过脸颊传出。

图7-2-4比较了清不送气、清送气和浊不送气三种塞音的波形图。波形图显示它们浊声出现的时间有明显差异,其中浊塞音出现得最早,在闭塞段一开始就已经是浊声了;清不送气塞音其次,浊声出现略晚于爆发点;清不送气塞音的浊声出现最晚。有鉴于此,语音学家提出了一个叫做VOT(浊音起始时间,Voice Onset Time)的参数来量化这几种不同发声类型的塞音(Lisker、Abramson,1964)。具体的做法是以爆发瞬间的脉冲作为时间坐标轴的原点,然后测量

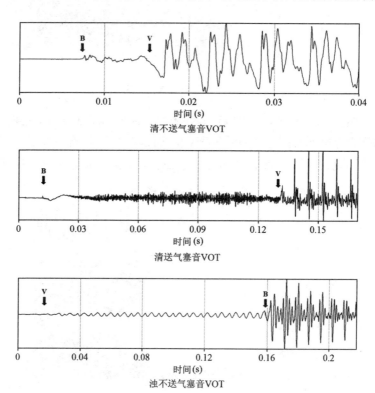

图7-2-4 三种塞音的VOT(箭头V指示浊声起始处,箭头B指示阻碍爆发处)

周期波出现的时间坐标。VOT值既可以在波形图上测量,也可以在语图上测量。但因为语图分析需要先对信号作窗处理,所以在声波上测量得到的VOT值更精确一些。这也是少数直接利用波形图提取的声学参数。如上面这三个样本的VOT值,清不送气塞音为8ms,清送气塞音为127ms,而浊不送气塞音为-148ms。一般来讲,浊塞音的VOT值总是负值,清不送气塞音总是一个比较小的正值,而清送气塞音则为一个很大的正值。因此,VOT值可以较好地区分这三种塞音。

在Praat中,可以利用建立TextGrid对象的方法来标注VOT时长。一般来说,音段是用Interval层来标注。但是VOT用Point层来标注更合适。因为我们需要知道破裂点的位置,然后再用浊音起始点的时间位置去减破裂点的时间位置。而Interval层标注音段信息更方便,标注时间点则应该用Point层。我们分别用B(burst)和V(voice)来命名这两个点标注(图7-2-5)。

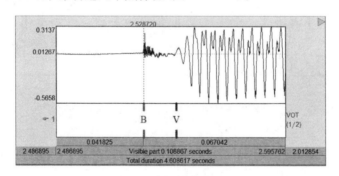

图7-2-5 VOT标注

这样标注之后,就可以利用类似以下的这段脚本来提取VOT值。

```
for i to 2
    biaoji$ = Get label of point: 1, i
    if biaoji$ = "B"
        polie = Get time of point: 1, i
    else
```

```
        zhuoyin = Get time of point: 1, i
    endif
    endfor
    vot = (zhuoyin - polie) * 1000
    printline 'vot:1' ms
```

不仅如此,即使清浊与送气特征一样,不同部位的塞音也会出现VOT值的差异(图7-2-6)。大致来说,发音部位越靠声道内部,VOT值就越大。这一点大概与阻碍部位灵活程度有密切的关系。比如双唇、舌尖－齿龈和舌面后－软腭三个部位的塞音,一般总是舌面后塞音的VOT值最大。而从发音部位来说,由于前面的两个部位活动能力都相当灵活,只有舌面后的运动需要调节整个舌体,因此除阻速度也会相应地慢一些。除阻速度慢,就会造成口腔内气压释放也比较慢,从而减缓了声带进入振动状态的速度。

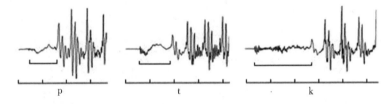

图7-2-6 [p][t][k]的波形图(波形下的标注线指示了各塞音的VOT长度)

7.2.2 塞音的发音部位

在闭塞阶段,因为只有低频信息可以传递出来,所以不同部位的塞音的声学表现很接近,并不能很好地区分彼此。到了闭塞打开的一瞬间,气流爆发产生的猝发波由于受到声道前腔的过滤,已经能传递出具体发音部位的信息了,但是猝发波实在太短暂,要在那么短的时间里辨认塞音的发音部位并不容易。更何况塞音的爆发也不见得都非常猛烈,有些塞音在语图上甚至看不到清晰的冲直条。因此分辨塞音的发音部位主要是依靠爆发之后的阶段提供的声学线索,其中最重要的线索就是所谓的音轨(Locus)。

Delattre 等人(1955)做了一个经典的过渡音征实验。他们把不同频率、不同弯头指向的第一、二共振峰成对组合成若干元音。结果发现,不同部位塞音的感知与 F2 的弯头有关。其中 F1 相同而 F2 弯头不同的合成音,会被感知成不同部位的塞音。但是让 F2 弯头汇聚到相同的频率位置,仍然会被感知成不同部位的塞音。

经过结合不同的元音,Delattre 等发现虽然同一塞音的 F2 开头位置并不相同,但是不同塞音后继 F2 的指向汇聚点高度明显不同,[b]的比较低,大概指向 600Hz;[d]的比较高,大概指向 1800Hz;而[g]有 1200Hz 和 3000Hz 两个点。这个结果说明相同部位的塞音的共同点是 F2 指向相同的频率位置,而不是与 F2 起始位置一致(图 7-2-7 右)。这一点在音理上也很好理解,塞音破裂前,由于阻碍点到声门之间的密闭空间已经积累了相当高的口腔内气压,声门上下压差很小。因此在破裂瞬间,声门上下压差还不足以让声带马上振动起来。只有当口腔内压释放到一定程度,声带才能振动起来。这也就导致当浊声出现的时候,声道形状已经向目标元音的调音造型移动了一段时间。而共振峰则必须要在声带振动后才能清晰观察到,所以同一塞音后的共振峰是不可能从同一频率位置出发的,而只能通过延长线汇合。这个汇合点,我们称为音轨。这个特征在鼻音也有体现,只是弯头的长度不同。

为了量化音轨,Linblom(1963)提出音轨方程的概念,后来 Sussman 等(1991)进一步发展完善。大致做法就是测量特定部位塞音与不同元音的组合的第二共振峰的起点和元音中段的第二共振峰

图 7-2-7　音轨实验示意图(Delattre、Liberman、Cooper,1955)

值,然后在分别以这两个量做纵坐标和横坐标的坐标系进行线性拟合。拟合出来的自变量系数可以区分不同的发音部位以及反映元辅音的协同发音情况。

需要指出的是,音轨本质上反映了塞音到元音调音高度的动态变化过程。送气塞音由于在送气阶段就可能基本完成从闭塞到打开的动作,因此在元音起首段不一定能观察到共振峰弯头了。

不过,在声学上测量塞音的发音部位难度比较大。我们更常用的还是静态舌位腭位照相的办法。

辅音的发音部位可以根据配合部位是否存在放松状态时候的映射关系,分成中位阻碍和错位阻碍两种类型。塞音也同样如此,既有由中性阻碍形成的塞音,也有由错位阻碍形成的塞音。

按照国际音标辅音表的排列,可以出现10个主要位置的中性阻碍塞音,即:双唇、舌沿－齿、舌尖－齿龈、舌叶－后龈、中舌面－硬腭、后舌面－软腭、后舌面－小舌、舌根－咽壁、会厌(这个部位的塞音音标在辅音"其他符号"表中)和声门。

中位塞音虽然几乎在世界所有语言中都存在,但最常见的都集中在唇、齿龈和软腭三个位置。比如英语和汉语多数方言都是这种情况。双唇塞音可以通过直接观察唇的闭合来确定发音部位,而齿龈和软腭塞音则可以借助舌位腭位图来确定发音部位。图7－2－8是中位阻碍的齿龈塞音和软腭塞音的舌位腭位图。从图上可以看到,两个塞音形成阻碍的区域很宽。其中[t]的阻碍区域形成一个U形,U形两侧是为了防止气流从两侧逸出,而发音部位是看U形的底部,也就是最前端的部分。被动部位覆盖了齿到齿龈后整个区域,而主动部位也包括舌叶和舌尖。阻碍区域宽表明发爆发音的时候主被动部位贴合得很紧,因为只有这样才能有效在闭塞阶段维持阻碍后的高压。也正是由于维持高压比较重要,因此发音部位本身相对倒不需要太精确。这也是为什么国际音标辅音表中,这三个被动部位在爆发音一行中合并为一格的一个原因。

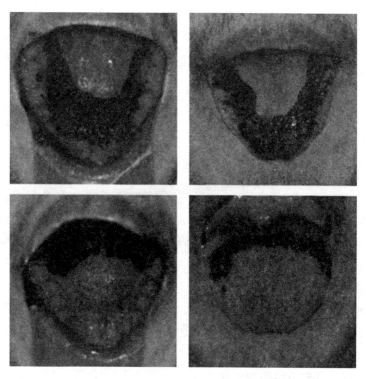

图 7-2-8 塞音[t]和[k]的舌位腭位图

7.2.3 塞擦音

塞擦音(Affricate)虽然从名称上来说像塞音和擦音的组合,但是多数情况下是作为一个整体来发音的(这里暂不考虑音系分析)。塞擦音在语音上可以和塞音一起归入声道完全闭塞的闭音(Occlusive)。跟爆发音不同的是,爆发音破裂后,收紧点的高度迅速从完全闭塞向后一个音素的高度过渡,而塞擦音则先维持在擦音高度一段时间。所以可以认为塞擦音是一种摩擦除阻的塞音。目前版本的国际音标并没有设计专门的塞擦音符号,而是用塞音音标加擦音音标的方式来表示,但是严格来说,还应该在两个音标之间加一个连音符。

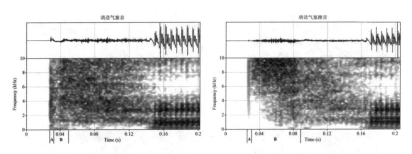

图 7-2-9　清送气塞音和清送气塞擦音的波形图和语图

图 7-2-9 比较了一个清送气塞音和一个清送气塞擦音。A 为爆发点，B 为爆发之后的摩擦段。由于这两个音都是送气音，所以我们可以看到在 B 段之后到周期波开始之间有一段清音乱纹段，其能量分布模式跟后面的元音很接近，这一段就是送气段。而送气段之前的 B 段频域能量分布明显和送气段不同，更接近后文介绍的擦音。因为从塞音到元音的高度，必然会经过擦音的高度。这一段也是送气塞音真正意义上的除阻段。到送气段，由于语图模式与元音很接近，说明声道形状其实已经跟元音差不多了，或者说已经基本完成从塞音到元音的声道造型变化过程。相比这两个音，很显然塞擦音的除阻段更长。因此，我们可以把塞擦音看作一个缓慢除阻或者擦除阻的塞音。也大概正是因为除阻比较缓慢的原因，塞擦音的闭塞程度也比塞音小。所以在腭位图上，塞擦音的闭塞宽度也远远小于同部位的塞音(图 7-2-10)。

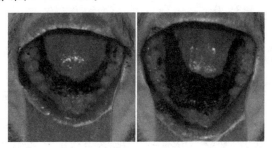

图 7-2-10　齿龈塞擦音(左)和齿龈塞音(右)的腭位图

在实际语图分析中,我们经常会发现塞擦音破裂时的冲直条并不明显,而擦除阻段的语图特征与擦音很相似。塞擦音与擦音比较重要的声学差别是振幅上升段时长和总体时长。所谓上升段时长,是指声音的振幅包络线从开始到最大值需要的时间。塞擦音的上升时间很短,也就是说振幅增加速度比较快,而擦音上升时间长,说明振幅缓慢增加。总体时长方面,塞擦音也是明显短于擦音。从感知角度来看,总体时长是区分塞擦音和擦音的主要特征。如图7-2-11所示,其中[s]的上升段明显长于[ts]的上升段。

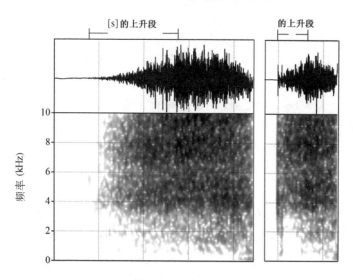

图7-2-11 齿龈擦音和齿龈塞擦音的波形图和语图

7.3 擦音

7.3.1 擦音的发音原理和发音部位

擦音是高度仅次于塞音的一类音。这是一个纯粹从高度着眼的定义,实际情况远比这一点要复杂。比如擦音和近音的差别从定义上看只是高度不同，近音是高度更低一个级别的音。实践中一般用噪音标准来区分两者。无论清浊都有摩擦噪音的是擦音；清声时有噪音，浊声时无明显噪音的是近音。因为人们对擦音的感知其实主要是根据有没有摩擦音色来判断的，而不是比较抽象的发音高度。而且无论在教学还是实际调查中，单纯使用发音高度并不很方便，毕竟这个参数在没有专门设备的情况下很难测量。摩擦音最重要的声学特征是摩擦噪音，用摩擦音色来描写擦音也是最直接最方便的途径。接下来一起了解一下摩擦噪音是如何产生的。

在空气动力学中，气流可以分成两种流动状态。一种叫层流（Laminar Flow），这种情况下空气粒子流动很平稳，分层流动，互不混合都朝着一个方向前进，粒子之间很少发生碰撞。因此在层流中，几乎没有空气流动的声音。另一种则叫做紊流（Turbulent Flow / Turbulence，也叫湍流），在这种情况下空气不再稳定分层，空气粒子运动不规则，互相撞击从而产生噪音。所以层流和紊流的区别实际上就是气流紊乱程度不同。

在语音上，影响紊乱程度的主要是空气粒子速度和声道收紧点处的截面积。因为人们对擦音的判断更多是依靠摩擦噪音的存在，而非收紧点截面积本身。所以在实际发音中，只要肺部压缩程度足够，也可能出现收紧点截面积不小，但是依然有明显摩擦这样的情况。

由于管道某处收紧形成窄缝而产生的摩擦可以称为窄缝摩擦，这种摩擦也是擦音摩擦噪音的基本来源，所有擦音都存在这样的摩擦。除了这种类型的摩擦外，还有部分擦音存在另一种噪音来源，噪音的产生是由于在气流的通道上出现了一个障碍体。这种摩擦可以称为障碍摩擦。充当这个障碍体的一般是上门齿。这类具有双重摩擦来源的擦音都是舌冠擦音。也正因为这些擦音具有双重的摩擦，所以它们的气流紊乱程度或者说噪音能量要大大超过其他部位的擦音。我们往往把这些具有双重摩擦来源的擦音称为强擦音或者咝音（Sibilant/Hiss），而其他擦音称为弱擦音或者非咝音、呼音等。

图 7-3-1 是普通话的三类擦音。发音部位最靠前的是[s]。按一般教科书的说法,就是个典型的舌尖前音。如果同时采用主被动部位来命名的话,这个音应该是一个舌尖－齿龈音(也有人认为是舌尖－齿音,如 Chao,1968)。但是实际情况要复杂一些,因为这个音实际在北京地区是有发音变异的。

图 7-3-1 是吴宗济和 Ladefoged(1984)对几个北京话发音人的[s][ʂ][ɕ]拍摄的腭位图。我们可以看到其中[s]的被动发音部位其实有两类。发音人 A 的被动阻碍位置在上齿,而发音人 B 和 C 的被动发音部位比发音人 A 要靠后一些,是齿龈音。可惜的是,他们没有提供舌位图。我们猜测 A 的主动发音部位舌尖的可能性比较高,大概可以算作个舌尖－齿擦音;而 B 和 C 两位的主动部位则舌尖或者舌叶都有可能,所以可以算作舌尖/舌叶－齿龈音。

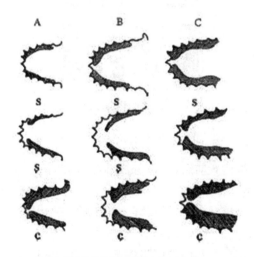

图 7-3-1　北京话[s][ʂ][ɕ]的腭位图(吴宗济、Ladefoged,1984)

北京话通常描写为[ʂ]的这类音问题更复杂。虽然根据比较早的记载,早期北京话中这个擦音大概还是个卷舌音,但现代北京话的[ʂ]已经不是卷舌音了。Ladefoged 和吴宗济(1984)的调查指出,典型的卷舌音(比如印地语中的卷舌音)发音时需要将舌尖卷起,用下舌叶去靠近上颚。而北京话的舌尖后音发音部位与这种情况并不一样,根据他们的描写,实际发音的时候是整个舌体后缩,用舌尖或者舌叶去靠近龈后位置。而 Kim-Lee(2014)的观测也发现有舌尖上抬的例子。不论后缩还是上抬,被动部位都是在后龈。所以 Lee(1999)把北京话的舌尖后音描写成一个舌尖-后齿龈音ʂ(图 7-3-2)是一个很好的处理方案。

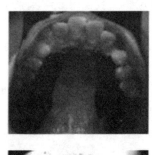

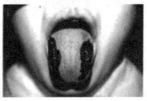

图 7-3-2　北京话[ʂ]的舌位图和颚位图(Lee,1999)

弱擦音根据位置前后,可以分成前呼音和后呼音两类。从发音部位来说,两类声音差别很大。第一大类前呼音就是阻碍位置在舌冠之前的擦音,发音部位包括双唇、唇齿和齿三个大类。双唇和唇齿都是唇音,前者是中性调音,后者是错位调音。两者的音色很接近,很少有哪个语言存在双唇和唇齿擦音的对立,往往只出现其中一类或者两者以音位变体的形式出现。"齿"代表了两个不同的但不会形成对立的发音部位,一个是齿间,另一个是上齿背。前者就是通常所谓的咬舌音,它直接以上齿的齿沿作为被动发音部位。另一种是舌尖或者舌叶贴近上齿背。在强擦音部分我们提到存在齿化的咝音,它们与弱擦音的齿音最大区别在于上下齿之间的距离。强擦的齿音上下齿距离比较近,所以气流必然需要越过牙齿边缘这样的障碍;而弱擦的齿音上下齿距离比较远,气流受到牙齿边缘的影响就比较小。山东胶东半岛的有些方言中存在齿间的擦音。

另一大类的后呼音则是阻碍位置比舌冠更靠后的擦音,它们大多是中性阻碍的辅音。从发音部位来说,前呼音和后呼音阻碍位置中间还隔着舌冠,距离比较远。但是实际语言中却经常可以观察到两类擦音的历时演变或者共时音系交替。比如很多汉语方言中的[h][f]不分。这首先与两类辅音同为弱擦音,音色比较相似有关。另外也往往与后接元音本身的调音方法有关。因为所谓[h][f]不分大多后继元音是[u]。[u]是个双调音部位的元音,同时在唇和软腭处都有收紧点,在前后呼音音色接近的时候,很容易使其发音部位混同到都是唇部或者软腭。

从擦音的发音原理来看,擦音的基本特征是有窄缝摩擦。窄缝摩擦出现的条件是在窄缝两侧存在比较大的气压差,否则很难形成紊流。因此擦音一般来说不是很容易同时有鼻腔参与。因为鼻腔参与了就意味着鼻咽通道打开,气流可以从鼻腔逸出,其结果就会降低窄缝内侧的气压,从而减弱摩擦。在世界语言中,还没有发现有鼻化擦音单独作为音位的例子。如果出现鼻化擦音,往往是由于特定前后音环境影响的结果。

7.3.2 擦音的共鸣原理与声学特性

与塞音不同,塞音音体段提供的信息,一般必须与一个元音组合后,我们才能根据音尾过渡听出到底是哪个塞音。而擦音无需与其他音搭配,我们就相对比较容易判断它是哪个擦音。这是因为擦音的主要声学特征集中在持阻阶段。在这个阶段,不同部位的擦音频谱特征有非常显著的差别。而这种声学特性的差异,除了我们刚提到的强弱擦音声源不同带来的差异,还有声道共鸣特性不同。由于理想状态的擦音其阻碍程度非常大,因此其阻碍部位把声道分隔成了两个近乎独立的腔体,腔体之间的连接管道非常狭窄,使阻碍后面的腔体几乎不参与到共鸣中去。决定擦音频谱的一个重要因素是前腔的容量和形状。前腔的共鸣作用会让频谱产生一个能量尖峰区。前共鸣管越短,频率就越高。我们可以比较以下几个擦音的语图。

从图7-3-3中即可以看到,两个擦音能量集中区域不一样,[s]明显都高于[ʃ]。[s]要到4000Hz以上才出现比较明显的能量成分,而[ʃ]在2000Hz左右已经有能量分布了。这就是所谓的擦音强频区下限。不过对于擦音声学特征分析来说,语图不是很方便,更多时候是对擦音中心位置进行频谱分析。

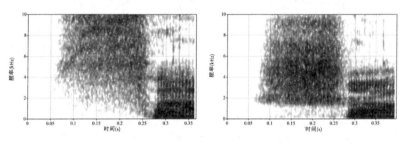

图7-3-3　[s]和[ʃ]的语图比较

从图7-3-4中可以发现,在两个擦音的频谱上有一些明显的峰值。其中突显的峰值位置同样也是[s]高于[ʃ],前者一般位于5000Hz以上,后者则往往低于3000Hz。这类峰值位置是区分不同咝音的重要语音特征。

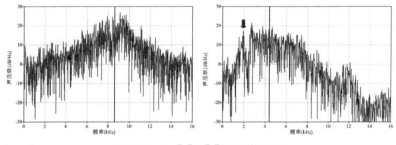

图7-3-4　[s]和[ʃ]的频谱图比较

但是无论强频区还是峰值位置,都并不适用于所有擦音。比如图7-3-5为两个弱擦音的频谱,我们可以发现这两个擦音能量分布很分散,无法找到明显的强频区和峰值。这是因为从[f]再往前,前腔已经近乎没有,所以频谱上也不会出现一个明显的尖峰,能量散布在整个频谱。不过从听感上来说[f]和[ɸ]前者更响亮一些。如果比较两者的频谱,我们也可以发现,[f]的总体能量,尤其是在中高频部分要明显比[ɸ]强(图7-3-5)。从发音角度看,前者是错位发音,后者是中性调音,照说后者应该更容易发,但是实际世界语言中,[f]出现的频率远高于[ɸ]。很可能的一个原因就是前者在感知上更凸显。因为在[f]的阻碍位置前面还有一个上唇挡在气流通道上,虽然唇相比牙齿要柔软得多,但一定程度上也会起到阻碍摩擦的作用。

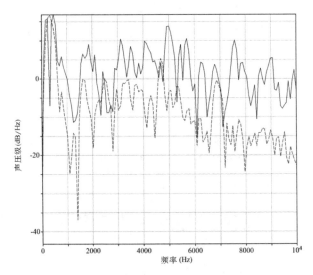

图7-3-5　[f]和[ɸ]的频谱图比较(实线为[f],虚线为[ɸ])

由于两种擦音的频谱都没有特别明显的强频区或者峰值,要量化两者的差异,我们往往会采用另一类参数:谱矩(Spectral Moments)。谱矩是一系列参数的总称,其中包括:频谱重心(Center of

Gravity)、频谱偏度(Skewness)、频谱峰度(Kurtosis)以及频谱方差或标准差等。

其中频谱重心和频谱偏度是测量擦音用的比较多的两个参数。所谓频谱重心,就是频谱平均位置,其两侧频率成分的总能量相等。图7-3-4中用粗竖线分别标识了不同擦音各自的频谱重心位置。而频谱偏度是统计数据分布偏斜方向的参数。这两个参数不但可以有效区分唇齿和双唇擦音,也能用于分辨不同位置的咝音。而区分强弱擦音则可以使用如标准差、平均差等可以指示离散程度的参数。一般来说,弱擦音离散程度高,强擦音离散程度低。

在 Praat 中,这些声学参数值都可以利用频谱对象的查询按键来获得。

为了定位擦音的时间位置,我们往往通过 Sound 编辑器来提取擦音频谱。但是操作的时候需要注意,如果提取特定时间点的频谱,最好先在菜单里把语图设置改成窄带语图,再点击菜单"Spectrum>View spectral slice"(图7-3-6)。

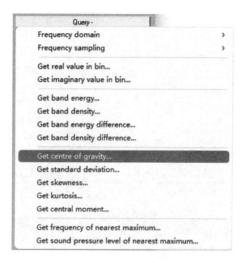

图7-3-6 Spectrum 对象的 Query 菜单

7.4 近音与鼻音

辅音主表中高度最低的两行分别名为近音和边近音。近音这个名称在国际音标表中出现的时间很晚。国际音标表初创的时候这一类音并不叫近音,而是被称为无擦通音和半元音(Frictionless Continuants and Semi-vowels),与此对应的边近音之前被称为无擦边音(Lateral Non-fricative)。直到1979年修订的时候才改称近音。所以时至今日,仍然有不少国内学者用通音来翻译 Approximant。国际语音学会之所以把通音改成近音,一个重要原因是无擦通音这个术语表述不够准确。因为通音包含塞音之外的所有音,其中除了擦音有摩擦,其他音都可以认为是没有摩擦的,那么元音算起来也都可以属于无擦通音一类。而且作为同一行,名称上也最好用一个单一的术语。

近音包含的音类比较复杂。按国际音标辅音主表的分类包含央近音和边近音两类。但是传统上又会把近音分成三类。一类是半元音,它们都是央近音;一类是流音(Liquid),包括 R 近音和边近音;最后一类是这两类之外的其他近音。而流音本身是个复杂音类,包含了边近音和大部分 R 类音(Rhotic / R-sound);其中 R 类音是 R 近音和其他一些相关的音组成的一个音类。

7.4.1 央近音

央近音一般直接简称为近音。从高度上来说,高元音同样也属于近音的范畴。但是从国际音标辅音表的设计来说,近音概念则排除了高元音。因此作为辅音的近音和高元音的区别不在于高度,而是音声位置之类的特征。在早期处理中,央近音中除了[ʋ],主要包含半元音和流音两个大类。半元音这个名称显然音系学色彩很重,但这个名称倒是直接说明了问题。既然叫半元音,就是说它的语音性质与元音一样,但是在音系上只能充当边缘成分。只是作为一个语音学的术语用音系的概念来定义就不大合适。因此在Catford的体系里引入了"时间"这个维度,这样半元音就定义为时间上不能持续的近音。因为时间不能持续,自然也就不能充当音节核心,只能充当音节边缘成分了。

图7-4-1是英语中year[jɛ]和ear[iɛ]的语图比较。如果不考虑时长因素,[j]和[i]基本是一样的。前者不是音节核心,所以是辅音;后者是核心,所以是元音。从高度来说,两者并没有办法区分。有了半元音这样的概念以后,很自然可以推出,所有的高元音理论上都可以有自己对应的半元音。但随之而来的问题是类似舌尖－齿龈或者舌叶－齿龈后的[ɹ]这类音,从声学性质来说与[j]也差不多,都有共振峰结构,没有明显摩擦,都只能位于音节的边缘,或者说时间上不能延长。但是它却没有对应的高元音。这主要的原因在于声道从声门一直到唇,理论上任何一个位置都可以形成高度与[j]相似的音。但是由于在西方语言中能充当音节核心的音类有限,造成从前高到后高元音这个连续统的发音部位并没有涵盖整个声道,而只包括从硬腭到软腭这短短的一段。超出了这个范围就不再有可以充当音节核心的音了。所以,[ɹ]这样的收紧部位已经位于齿龈的音自然

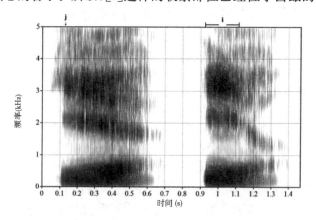

图7-4-1 英语半元音[j](year[jɛ])和元音[i](ear[iɛ])的语图比较([j]几乎找不到稳定段,[i]有明显的稳定段)

就不会有对应的高元音,也就无法被称为半元音,而只能归为流音,或者所谓的无擦通音。

7.4.2 R类音

R类音本身就是一个比较奇怪的名称,它内部包含的成员也非常庞杂,包括了[r][ʀ][ɾ][ɽ][ɹ][ɻ][ʁ]等,分别属于颤音、闪音、拍音、近音和擦音等不同音类。它们在音标上的共同特点是基本都采用了r字母和r字母的变形形式来表示,在历史上它们也往往有演变关系。但从发音特征或者声学特征来看,它们很难归纳出一个共性来。Lindau(1985)用"家族相似性"的概念来说明这类音的概念,大致就是说虽然总体不能抽象出一个共同的特点来,但是内部成员彼此有一种传递性的特征相似。

R类音虽然全体成员间没有共同的特征,但是多数成员还是能归纳出共同的特征来的。这个特征就是在听觉上有一种卷舌色彩。而这所谓的卷舌色彩,经常是由于舌下腔造成的。因为当舌体后缩,尤其是舌冠上抬乃至卷起之后,在下舌叶的下方就出现一个空腔。这个空腔一方面改变共振频率,同时还会削弱高频的能量。一般来说声道后腔的共振频率比舌下腔的共振频率要低。因此卷舌动作会带来如下的声学效果:一方面出现一个比较低的第三共振峰,另一方面所有高频共振峰能量都被削弱。卷舌色彩越重,第二、三共振峰的距离就越近。

但是,发音动作和声学结果之间并非是简单的一一对应关系,有时相似的声学结果可能可以依靠不同的调音办法实现。比如要达到类似卷舌音色的效果(即第二、三共振峰靠近),其实卷舌只是其中一种比较常见的方式。Ladefoged(2001:212-213)在介绍英语的[r]音时就提到,在美国英语中至少有三种不同的发音方式都可以达到类似的声学效果。而不同发音方式得到的类卷舌音都是归入R类音的。这种归类显然更多地考虑了共时语音特征,或者更确切地说是感知特征。

R近音如果出现在元音后面,很容易和元音融为一体,把元音变成所谓的卷舌元音。也正是因为卷舌元音实际发音并不一定需要卷舌,所以国际音标中才把[ɚ]符号从卷舌化(Retroflexity)改称为R音化(Rhoticity)。如果要单纯表示卷舌化则可以采用把[ɭ]上标的方式。

R近音如果出现在元音后面,很容易和元音融为一体,把元音变成所谓的卷舌元音。普通话中的儿化现象其实跟美国英语的[r]音现象很接近,也是元音被R音化。不过从现有记录来看,似乎并没有出现如美国英语那样有多种不同的调音方式,而是只有比较单纯的卷舌化。另外需要指出的是,元音R音化其实还是有两种形式:一种是整个元音全程都R音化了;另一种是元音起始阶段没有变化,越往后R音色彩越重。美国英语中两种情况都存在,如fur、sir属于前一种情况,board、poor属于后一种情况。实际上,前者是个R音化的单元音,后者则是一个复合元音或者元音加近音的组合。普通话的儿化主要是后一种情况,卷舌色彩虽然贯穿整个元音,但越靠结尾,卷舌色彩越明显(王理嘉、贺宁基,1985)。所以相应在语图(图7-4-2)上第三共振峰有一个大幅度的下降。

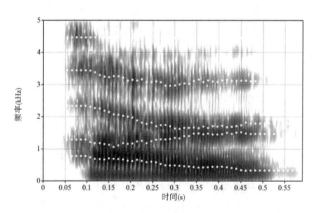

图7-4-2 普通话[ɚ]语图

R类音的第二大类是颤音。最常见的颤音有双唇颤音[ʙ]、齿龈颤音[r]（通常也称作大舌颤音）和小舌颤音[ʀ]三种。但只有后两类颤音属于R类音，而双唇颤音不是。因为这类音与[r]音没有历时的演变关系，音色上也没有卷舌色彩。小舌颤音虽然从音色上来说与大舌颤音有一定差别，但是往往是由后者演变而来的。大舌颤音之所以能变化成小舌颤音，应该与小舌颤音也能产生卷舌听感有关。所以这两种颤音都归入R类音。由于颤音本身特点的相关性，这里就把这三类音放在一起讨论了。

在辅音表中，颤音是放在塞音类的。但是如我们之前分析的，虽然颤音可以一定程度上理解为多次重复的塞音，但是从发音机制来说和塞音完全不同，那只能算一种变通的处理。实际上，颤音的发音机制是与声带振动一样的，都是某个弹性部位封闭气流通道后，由于伯努利效应和弹性力双重作用引发反复振动。这是一种空气动力调节的结果，而非肌肉主动控制的结果。只不过由于声带振动在语音中的特殊地位，我们在语音研究中把它单列成了发声这个独立的语音要素，而其他部位的颤音放在调音里。

从颤音产生的机理来看，也可以发现它其实跟塞音不是一回事，而应该算成不同于塞音的另一种调音方式，但是这种调音方式是无法仅用高度这个参数来定义的。事实上，包括与颤音关系很密切的闪音和拍音也面临类似的情况。它们本质上都是一种动态性的特征，而非静态的特征。

这三类颤音虽然从产生机制来说与声带振动是一样的，因为振动部位体积都远远大于声带，所以振动起来的条件要比声带苛刻很多。不但对气流强度有要求，而且对弹性部位本身的紧张程度要求相对严格。如果弹性部位过于紧张而变得僵硬就不容易颤动起来。

从声学分析的角度看，它们倒都是特点鲜明，无论在波形图还是语图上都很容易辨识。在波形上会表现成若干个大周期的振幅强弱变化，在语图上也会出现几条比较明显的比较宽的明暗条纹。这两个特点其实本身跟浊声是一样的。只不过由于参与振动的弹性部位体积比较大,边缘又没有薄薄的韧带,所以振动频率就比较低,一般在30Hz上下。如果是浊颤音(图7-4-3),我们用箭头标出了颤音周期,可以看到颤音周期与浊声周期互相叠加而又互不影响的情形。

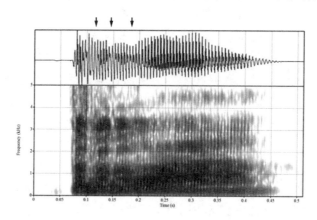

图7-4-3　颤音的波形图与语图(箭头指示位置是颤动周期的闭相)

　　三种颤音中,双唇颤音和小舌颤音的发音部位比较固定,只有大舌颤音可能有不同的部位差异:主动发音部位可以有舌尖或者舌叶,被动发音部位从齿到前腭都有可能,只是舌尖-齿龈最为常见。其他部位的一般作为语言内部的音位变体出现,或者不同语言的大舌音部位可能有所差异,但都不具有单独的音位价值。理论上颤音也可以有不同的发声态,但是比较常见的是常态浊声。

　　拍音在很多教材里都把它解释成只颤动一次的颤音。严格来说这种说法是不恰当的。因为它的发音动作不是颤音那样依靠伯努利效应,而是发音器官主动控制的结果。发音过程实际就是用主动发音部位去快速敲击一下对应的被动部位。在国际音标中,拍音也是放在了塞音类中,与爆发音不同的是,它的接触是瞬间就结束的,可以看作一个瞬时的爆发音。事实上它也确实经常会以爆发音的弱化变体出现。比如在英语中 city 这样的单词,中间的 t 往往读成[ɾ]甚至可以说没有持阻阶段,只能看见两边共振峰出现了弯头提示在这个位置有一个不同的发音动作。

7.4.3 鼻音和边近音

如前所述，凡是鼻腔参与的音都可以称为鼻音，但为了使用方便，一般不加说明而使用鼻音这个术语专指的是最常见的鼻塞音。因为我们之前的描写框架主要是基于口腔这个声道来展开的，软腭打开只是单独作为一个平行的参数。所以从口腔的角度看，鼻音是完全闭塞的，归入塞音类完全没有问题。

但是当软腭打开后，从声门一直到鼻孔这条通道却是畅通无阻的。只要声学条件满足，声波的传播和共振就会发生，不会区分鼻腔还是口腔。所以鼻腔的共振特征会直接影响鼻塞音的声学特征。单纯鼻音在浊声时没有明显摩擦，有共振峰结构；在清声时有比较明显的摩擦。这完全符合近音的定义。从发音生理的角度来分类，鼻音是塞音；而从声学和感知的角度看，它更接近近音。所以鼻音、半元音和流音又可以组成一个音类——响音（Sonorant）。

鼻腔的生理构造比较复杂，不像口腔声道那样可以直接简化成一条一端开口的通道，所以要精确计算其共振频率不是很容易。这里只能大致来说，鼻腔通道中的收紧处比较狭窄，高度接近口腔近音。鼻咽声道长度相比口咽声道要更长一些，所以它的共振频率会更低。此外，由于鼻腔内部有丰富的软组织和鼻窦等结构，这些组织会对共振频率有阻尼和反共振作用。其表现之一就是共振峰带宽比较宽，尤其是低频共振峰表现尤为明显。另外，由于阻尼作用以及反共振，相当程度的声波能量特别是高频能量被吸收，造成鼻音的总体振幅也比一般近音以及元音要弱。反映在语图上，我们可以清晰地看到鼻音和元音的组合前后灰度差异非常明显，两者往往存在清晰的分界线（图 7-4-4）。

在 Praat 的 Sound 编辑器中，共振峰带宽可以通过直接点击菜单"Formant>Get bandwidth..."以及其他几个相关的菜单项获得。

鼻音的另一个特征是通道造型固定，无法重新调节形状。这样的结果就是，如果只有单纯鼻腔共振，共振结果不会出现像口音那样

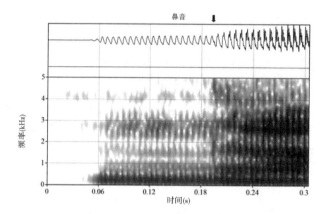

图7-4-4 鼻音的波形图和语图(箭头左侧是鼻音段)

由于共振腔形状的变化而产生各种不同的声音。换而言之,鼻腔共振的结果本身不会变化,我们又是如何区分不同部位的鼻音的呢?答案首先是所谓的反共振峰(Anti-formant)。

共振峰是频域中被加强的区域。而反共振峰,顾名思义,就是削弱的谷底。从鼻音发音的模式上看,其实共振腔可以分成两个部分,一个是从声门一直到鼻孔这条一端封闭、一端开口的管道,这部分的共振特征跟前面普通口近音是一样的。但是,不同之处在于这个管子旁边还有一根分支的管子,而且这个分管同样也是一根一端开口、一端封闭的管子,这类管子的共振特征它也完全适用。不过,这根分管的开口不是通往外界而是与主管连接,通往外界的那一端却是封闭的。这样就造成它本来应该共振加强的频段能量却好像"陷"在这个管道中。对于最终鼻音的声学结果就是,它反而削弱了它对应的共振频率段。因为这种共振结果与普通的共振峰正好相反,所以被称为反共振峰。或者就是说增加的不是峰,而是谷。这类反共振峰的存在,是我们感知鼻音感的一个重要因素。

由于不同部位的鼻音反共振管长度不同,反共振峰的位置自然也不同。口腔闭塞位置越靠前,反共振管长度就越长,相应的反共振频率也就越低。因此,可以通过反共振峰的位置来区分不同部位的鼻音。但是，反共振远不如共振那么清晰，不但声学提取很困难，在实际感知的时候区别也不是非常清晰。如果没有其他因素存在，不同部位的鼻音还是容易混淆。而要判断发音部位，更多还是跟爆发音一样，需要借助相邻音段的共振峰弯头。

边近音是最常见的边音，因此一般说到边音往往就是指边近音。边音中最常见的是齿龈边音[l]，这在大部分语言中都可以发现。我们就以[l]为例来解释一个边音的发音声学情况。

[l]发音时舌冠部位抵住上腭，但是舌体位置很低，整个舌头呈现向下凹陷状态。这样气流直接往外的通道被堵住，只留下舌体侧面与牙齿脸颊之间的空隙可以让气流逸出。从共振腔的角度看，凹陷的舌体前端封闭而不与外界直接连通，本身就构成了一个有反共振作用的腔体。不过腔体本身容积很小，其反共振的频率也比较高，一般位于第二和第三共振峰之间，所以其第三共振峰经常很难清晰地观察到。另一方面，由于牙齿脸颊之间的空隙并不大，脸颊又是软组织，因此声波在往外传播的过程中，受到比较大的阻尼作用，声能尤其是分布在中高频的能量被大量吸收。体现在语图上就是边音的总体灰度要比元音浅很多。边音元音过渡处会出现明显的分界线。这一点跟央近音差别很大，央近音与元音之间很少会出现清晰的分界线。

鼻音和边音从听感来说比较接近，这可能是为什么很多方言不区分[n]和[l]的一个重要原因。声学比较明显的差别只是边音往往总体能量要比鼻音高，而在频谱或者语图上两者并不是很容易区分。所以往往不用声学的方法来分辨这两类音，而是采取测量气流或者做腭位图的方法来区分。气流测量需要专门的仪器，这里就不介绍了。这里主要看一下腭位图上两者的区别。

如图7-4-5所示，左图是[l]，右图是[n]。从发音部位上来说，两者是一样的。所以腭位图上，两者在齿龈位置都有黑色染料封住。差别主要在两侧的黑色区域。我们可以发现，[n]的两侧黑色区域很宽，完全封闭，这其实也体现出了鼻音作为塞音的发音特征。而

[l]两侧的黑色区域很窄,而且不是完全连续的。这是因为发边音的时候,舌头两侧并不会充分贴住上腭。不连续的区域其实就是气流从侧面逸出的通道。

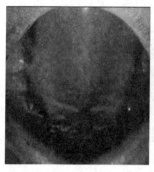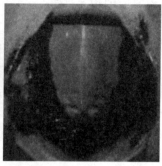

图7-4-5 [l]和[n]的腭位图

以上就是比较常见的一些辅音的基本特征,需要采用多种研究手段来分析它们。

第8章 如何进行发声态分析

启动(Initiation)、发声态(Phonation)和调音(Articulation)是语音三要素。跨语言研究表明，不同的发声态在很多语言中都有音位价值(Gordon、Ladefoged,2001)。在汉语方言声调的研究中，即便不进行专门的发声态研究，只调查声调基频，往往也会面临非常态发声所带来的无法正常提取基频值的问题，这说明了关注发声态的必要性。

研究发声态最直接的方法就是利用一些专门仪器。比如电子喉头仪(Electroglottograph, EGG)、声门摄像机等。但这些仪器往往售价昂贵且操作复杂。目前国内多数文科科研机构和院校并没有购置这类仪器。因此，我们主要介绍如何通过单纯的声学分析来提取一些发声态相关的参数，这样就不必依赖于专门的设备。

利用 Praat 来完成这些参数的提取，本身是没有问题的。但是 Praat 没有为发声态专门提供直接的工具，而必须通过手动测量，或者用编写脚本的方式才能完成。

为了降低发声态研究的门槛，方便相关研究者提取相关发声态声学特征，美国加州大学洛杉矶分校(UCLA)语言学系和电子工程学系的一批学者合作开发了一款简单易用的软件 VoiceSauce(后文简称为 VS。Shue,2010)。VS 是一个基于 Matlab 开发的声学分析软件，不但可以完成很多声学参数的测量，同时还能自动完成批量参数提取。这对于想要进行发声态声学分析但没有编程基础的研究者来说，无疑是个非常方便适用的工具。

本章将分成两大部分：前一部分介绍发声态基本原理，会利用

Praat 来演示;后一部分则介绍 VS 的安装和操作。

8.1 发声态的基本特征与相关参数

发声态概念中进一步可以区分出三个因素:声带的松紧开合、空气动力条件和声音传播条件。以下简单介绍这三个因素。

8.1.1 横向声门姿态与发声态

声门可以分成两部分:一部分是声带主体之间的韧带声门,另一部分为后端勺状软骨之间的软骨声门。根据 Laver(1980:109)对控制声门肌肉群运作机制的简化,可以归结为纵向紧张(LT)、中央紧张(MC)和内收紧张(AT)三种基本活动。从声门活动来说,这三种肌肉紧张或者松弛导致的结果就是声带绷紧松弛、韧带声门开合和软骨声门的开合(图 8-1-1)。

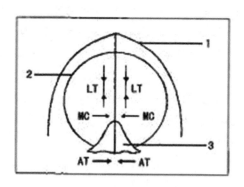

图 8-1-1 声门组成示意图(Laver,1980)

这三种声门动作包含了纵横两个方向,其中韧带声门开合和软骨声门开合都是横向动作,共同控制整个声门的开合。单单韧带声门的开合,本身是一个连续过程,但从语言学意义上来说,大致可以形成"开""闭"和"紧闭"三种声门状态(图 8-1-2)。软骨声门的开合是半独立的,当韧带声门打开时,它也必然打开;而当韧带声门关

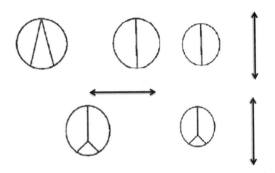

图 8-1-2　不同的声门姿态示意图

闭的时候,它则开合两可。因此韧带和软骨两个横向声门控制机制配合起来,可以形成五种有语言学意义的声门姿态,分别是:"开-开""闭-开""闭-闭""紧闭-闭""紧闭-开"。

入门的语音学著作一般只区分两种发声态,一种是声带不振动的清声(Voicelessness,反映在声波上是无周期波,包括无声和噪音),另一种是声带振动的浊声(Voicing,反映在声波上是周期波)。声门姿态已经有这么多种,实际发声态也不止两种。清浊实际是两个大类,每一个大类都可以进一步分出很多不同的小类。其中属于清声类的单纯发声态有无声、呼气声和耳语声;属于浊声类的有常态浊声、嘎裂声和假声。如果不考虑各种空气动力条件,前述的声门姿态和这几种单纯发声态有很好的对应关系。

当声门姿态为"开-开",肺部气流不断通过声门。由于气流与声带的摩擦,会产生一定程度的紊流,从而出现摩擦噪音。在正常呼吸的时候,声门就是调节成这种状态,这种状态被称为呼气声(Breath)。在发出呼气声的时候,通过声门的气流比较强烈。

当声门姿态为"闭-开"或者"紧闭-开"时,肺部压缩后,气流就可以从软骨声门这个孔隙中流出。一般在说悄悄话的时候声带会处于这样的状态,这种状态被称为耳语声(Whisper)。耳语声与呼气声共同的特点都是声门没有关闭,区别在于耳语声的韧带声门是关闭的,而呼气声则是从声带到勺状软骨的整个声门都打开。在发耳语声的时候,为了维持声带闭合,我们可以感觉到声带横向比较紧张;在呼气声的时候,声带横向则是比较放松的。不过需要指出的是,由于声门打开程度是一个连续统,所以这两种声带状态虽然理论上可以分成两类,实际发声的时候区别不见得非常明显(Laver,1992:190)。

当声门姿态为"闭－闭"时,引发的单纯发声态为常态浊声(Modal Voice)。常态浊声是最常见的发声态,所以多数情况下使用"浊"这个术语就是指的常态浊声。常态浊声的发声过程大致如下:声门一开始闭合,当声门下气压积聚到一定程度,气流就会挤开声带,从声门逸出;在气流通过声门的过程中,由于伯努利效应和声带本身的弹性力,声门就会再次闭合,直到声门下压再次超过发声阈压。如此反复,就形成了周期性的振动。

当声门姿态为"紧闭－闭"时,引发的单纯发声态为嘎裂声(Creak)。嘎裂声的初始声门姿态也是闭合的,但是其闭合的紧密程度远远高于常态浊声。在这种情况下,肺部气流只能非常艰难地挤过声门的顶部。因此嘎裂声的振动频率往往比较低,在一个振动周期内声门闭合比例大大超过常态浊声。甚至有些情况下,嘎裂声的振动是不规则的。这种嘎裂声其实已经不能算真正的浊声了。

8.1.2 发声态的空气动力条件

发声态的空气动力条件主要由肺部压缩来控制。肺部可以由不作压缩到强力压缩等不同方式来控制肺部呼出气流的强弱。在空气动力上,气流强弱差别并不仅仅是量变差异,而是存在几种截然不同的状态。当肺部不作压缩的时候,气流为零,自然也不可能出现任何声音。当肺部压缩,而声门没有关闭的时候,气流就可以从肺部呼出声道,根据气流的紊乱程度,存在层流和紊流(或者叫湍流)两种状态。层流状态气流很安静,而紊流状态则会产生噪音。在语音学上,不考虑空气粘滞因素,主要是气流量的大小和声道的最小截面积两个因素共同影响气流的状态。气流量越大或者截面积越小,气流就越容易变成紊流。在空气动力学上有一个雷诺数可以用来量化气流的紊乱程度。雷诺数有个阈值,大致上当雷诺数小于 1700 时,肺部气流以层流方式呼出;大于这个数值后,就以紊流方式呼出。

另外对于声带来说还存在一个发声阈压(PTP, Phonation Threshold Pressure),也就是引发声带振动所需要的最小声门上下气压差。因为不论什么声门姿态,声带还需要受气流调节才可能振动,没有气流就必然不会振动。而有了气流也还得看当前声门上下压差是否超过当前状态下的发声阈压。只有超过了这个阈值,声带才会振动。这个阈值不是个固定值,而是受到声带紧张程度、声门开闭程度等多重因素影响。只能说特定声门姿态,就对应一个特定的阈值。前述的两种清声的单纯发声态,只要气流条件超过发声阈压,都可以变成浊声。比如呼气声就变成呼气浊声(Breathy Voice),耳语声就变成耳语浊声(Whispery Voice)。由于它们都是一种清声同时又有浊声,所以都属于复合发声态。

以上介绍的这些发声态都与声门横向活动有关,声带的纵向控制也会引起不同的发声态(图 8-1-3)。声带的纵向控制调节声带纵向的松紧,可以分成纵向普通拉紧和纵向极度拉紧两种基本纵向状态。由于声带的纵向状态控制是独立于声门横向控制的,因此这两种状态与五种横向开合状态可以分别搭配,一共形成 10 种声门姿态。前述的单纯发声态默认对应的纵向状态都是纵向普通拉紧。而在与纵向极度拉紧相配的五种横向状态中,如果是"闭-闭",则对应

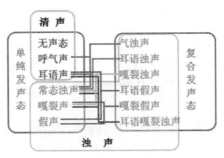

图 8-1-3 发声态之间的分类组合关系

了一种特殊的单纯发声态——假声(Falsetto)。假声常见的声门闭合程度介于常态浊声和呼气浊声之间,不同之处在于发假声时声带在纵向被极度拉长拉紧,振动过程不是整个声带参与振动,而只有声带边缘振动,其振动频率远远高于常态,音色也与常态浊音有显著差异。剩下的几种声门状态对应的发声态则已经不是单纯发声态,而是复合发声态。

另外,前文罗列单纯发声态的时候还有无声态(Nil Phonation)没有介绍,它是单纯由空气动力条件而非声门姿态调节形成的一种发声态。这种状态就是没有声音产生,严格来说其实不能算发声态了,但是无声在语言学上也是有价值的,因此也归入发声态。从声门姿态来说,无声态并没有自身独特的声门姿态。无论声门全开还是闭合,或者前面提到的其他任意状态,只要肺部没有压缩,或者肺压缩了但气流没有突破声门,又或者气流以层流形式通过声门,最后表现出来的都会是无声。只不过不同的声门姿态,会在相邻音段上产生不同的影响。由于无声态对应了多种声门姿态,为了区分,有些学者会把声门打开的无声态称为喉开态,声门关闭的无声态称为喉闭态,声门紧闭的无声态称为喉堵态(朱晓农,2009)。

8.1.3 不同发声态的内在联系

通过以上分析,可以清楚地看到发声态不是只涉及声带,要实现特定的嗓音状态,不但需要声带自身调节,同时还需要空气动力条件的配合。如果把相关因素都整合在一起,我们可以得到表8-1的关系。

表8-1中所谓的阈值是指上文提到的发声阈值。需要强调的是,不同声门姿态下,这个发声阈值实际是不断变化的,并不是一个恒定值。大致来说,声带纵向太紧或者太松,这个阈值就会提高;声带横向开合太大或者过紧,这个阈值同样会提高;只有在纵向和横向紧张程度都趋于中性的时候,声带才最容易振动。这一点,我们唱歌的时候也会有类似经验,中频比较好发,很高的高音和很低的低音都

比较难发,甚至会发不出声音。

表8-1 发声态与声带的松紧开合、空气动力条件的关系及相应的音高情况

空气动力条件 (声门上下气压差)	声门开合与松紧					音高
	软骨声门	韧带声门开合(横向)			声带 (纵向)	
		开	闭	紧闭		
低于紊流阈值	闭合	---	无声态	无声态	松 | 紧	低 | 高
低于发声阈值		---	无声态	无声态		
高于发声阈值		---	常态浊声	嘎裂声		
		---	假声	嘎裂假声	极度紧	很高
低于紊流阈值	开启	无声态	无声态	无声态	松 | 紧	低 | 高
低于发声阈值		呼气声	耳语声	耳语声		
高于发声阈值		呼气浊声	耳语浊声	耳语嘎裂声		
		—	耳语假声	耳语嘎裂假声	极度紧	很高

从表8-1我们可以看到,在单纯发声态中,不同的清声态是不能同时出现的;而多数浊声态彼此之间以及浊声态与非无声的清声态并不冲突,可以两种乃至多种状态共存。所以复合发声态都属于浊声范畴。但是也不是所有浊声态都可以共现,比如常态浊声和假声就不能共现。由表格我们还可以看出,凡是不能共现的单纯发声态都是同一参数的不同取值。比如常态浊声和假声横向都是"闭-闭",差别是两者的纵向取值不同,因此无法并存。而嘎裂声一般是低调,假声都是高调,看似无法共现。但嘎裂声是横向紧闭,而假声是纵向极端拉紧,两者是不同参数的取值,彼此并不矛盾,所以能够出现嘎裂假声这样的复合发声态。此外,表8-1在呼气假声位置留了一个空格。一个原因是这个音理论上是可以存在的,但我们还没在文献上见到相关报道。另一个原因是虽然我们把假声和常态浊声列在一列,但实际上假声与呼气声之间关系也很密切。因为假声纵向太紧,以至于只有声带边缘参与振动;而且因为声带边缘变得非常薄,在这种情况下,声门无法形成真正完全的闭合。

虽然表中列出很多复合发声态,但常见的复合类型是耳语浊声

(Whispery Voice)、呼气浊声(Breathy Voice)和嘎裂浊声(Creaky Voice)。如前所述,作为单纯发声态的呼气声和耳语声之间其实没有截然的界限,它们与浊声的复合状态之间也一样没有截然的差别。因此在国际音标中没有区分耳语浊声和呼气浊声这两种复合状态,而是笼统地称为气浊声(Breathy Voice),用下加两点的附加符号来表示。在中文术语中,不妨用"气声"作为耳语浊声和呼气浊声的合称。

以上介绍的是比较有共识的发声态分类。Catford(1977:93-116)、Laver(1980,1996:184-200)、Ladefoged 和 Maddieson(1996:47-77)以及朱晓农(2009)都对发声态有更细致的分类和论述,具体情况可以参阅相关论著。不过目前来看,除了常态浊声以外,最常见的发声态主要是气声和嘎裂声两种。即便划分得更细致,也往往是在这几类常见发声态内部再划分小类。

8.1.4 声学传播条件对发声态确认的影响

由于空气动力条件的差异,相同声门姿态可能实现不同发声态。比如同样是声门打开,可以出现无声态、呼气声和气浊声三种类型。因此在实际语言中,可能会观察到表面的音位变体但实际由相同的声门控制的机制。

也可能出现表面相同的声学结果,背后却有不同的发声态的情况。这就涉及影响发声态声学结果的传播方式。这里主要跟声音高低频的传播能力有关。频率越低,声波传播能力越强,既可以直接通过空气传播,也可以透过固体液体传导。而高频信号则很容易被吸收。

在语音中,乐音一般低频的能量远大于高频,而噪音的能量往往更多集中在中高频。声道如果完全闭合或者阻碍程度很大,声门产生的声音往往只有低频能够传播出去,高频的声音则都被吸收掉。换而言之,如果发声态产生了噪音,也无法很好地被听话人接收到,而浊声的低频部分则不会受太大影响。

所以对于像塞音、擦音这类在声道中有明显阻碍的辅音,在持阻段基本只能区分出清、浊两个大类,而很难区分出具体的小类来。要了解具体的发声态,只能看与之相邻的元音音段。这也会带来一些音段分析上的复杂问题,我们在后面会谈到。

8.1.5 发声态的相关声学参数

8.1.5.1 频谱斜率

与发声态相关的声学参数很多,其中最常用的是频谱斜率(Spectral Tilts)。在具体介绍这个概念之前,我们先看看声带振动产生的原始声波(一般称为声门波)。

图 8-1-4 是一个常态浊声声门波的示意图。在声门波上,我们把几个关键的转折点都标注出来了,分别标注为 a、b、c、d。其中 ab 段是声门闭合的阶段,这个阶段有个专门术语,叫声门的闭相(Closed Phase);而 bd 是声门开放的阶段,则被称为开相(Opened Phase)。此外在开相中,还可以分出两个阶段。其中 bc 段是声门从闭合开始打开,一直到开到最大的阶段,被称为声门的打开相(Opening Phase);cd 段是声门从开始关闭一直到闭合的阶段,被称为声门的关闭相(Closing Phase)。

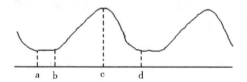

8-1-4　声门波的示意图(孔江平,2015)

声带振动的结果就是声门波的开相、闭相连续交替出现。我们从波形上也可以清楚看出,这个波形差不多列出了两个周期。ad 基本上就是一个完整周期。我们可以根据 ab 的倒数来算出对应的基频,这一点在声调一章已经谈过。而在测量发声态的时候,经常会测量开商、闭商和速度商等这几个参数。其中开商就是计算 bd 段时长占 ad 段的比例，也就是说开相占整个周期的时长比例。闭商则正好相反，计算闭相占整个周期的比例。所以一个周期内开商和闭商相加总是为 1，我们计算其中任意一个参数就可以。具体使用哪个参数，取决于用什么设备测量。比如用声门仪测量，因为声门仪主要测量声门阻抗变化造成的电流变化，对闭相阶段测量更精确，所以声门仪的数据往往用来计算闭商。而速度商则是计算 bc 和 cd 的时长比例关系，或者说声门打开相与声门关闭相之间的比值。

下面我们再来比较一下几种常见发声态的声门波形态。

图 8-1-5 是几种常见发声态声门波形的示意图。我们可以看到其中的闭相时长，嘎裂声是最长的，其次为常态浊声，而气声（这里就不区分耳语浊声和呼气浊声了）几乎没有闭相。根据前面对发声态性质的介绍，这种结果也是毫不意外的。嘎裂声本来声门的特点就是紧闭，气流只能艰难地挤过声门，声门刚打开就会迅速关闭。而气浊声则是声门是一直没完全关闭过，在振动的同时不断漏气，自然几乎不会有闭相或者闭相只占比较小的比例。而常态浊声的声门状态正好处在两者之间，是关闭的，没有漏气，但又没有达到紧闭的程度，因此声门波的闭相比例也是处于嘎裂声和气浊声发声态之间。这三种发声态的闭商可以形成一个连续统，嘎裂声最大，其次是常态浊声，最小的是气声，如果用开商则正好反过来。如果没有专门的仪

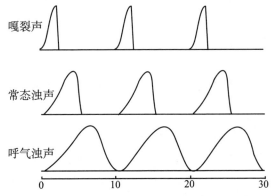

图 8-1-5 嘎裂声、常态浊声和呼气浊声的声门波示意图

器,我们无法测量声门波,也就没法计算闭商或者开商。所以这里要给大家介绍的是不借助仪器,只通过录音文件来分析的办法。

第四章的频谱分析中,我们介绍了用傅里叶变换来分析声波的频谱。声门波本质上也是声波,自然也可以用傅里叶变换来分析它们的频谱。

第六章介绍元音共振峰的时候,我们先专门介绍了阻尼波。对于正弦波的阻尼波来说,阻尼程度越小,波形就越接近正弦波,对应的频谱则峰值越尖锐,带宽越窄;反过来,阻尼程度越大,波形就越接近猝发波的组合,对应的频谱则峰值平缓,带宽越宽。如果单从峰值的造型来说,就是峰值两侧,尤其是峰值往高频方向去的坡度由于阻尼程度不同而有差异。阻尼越大,坡度就越平缓,或者也可以说倾斜程度越小。

再看图 8-1-5,我们可以看到,其实这三种发声态声门波的形态正是阻尼程度的差别。嘎裂声是阻尼程度最大的,而气声是阻尼程度最小的。所以,我们也很容易得出这样的结论,不同的发声态由于声带开闭时间比例不同、开闭的速率不同,其声门波频谱的倾斜程度是不同的。

接下来的问题就是怎么来量化声门波的倾斜程度。目前比较常用的办法就是计算各谐波之间的振幅差值。比如 H1-H2,H2-H4,H1-A1,H1-A2,H1-A3,H4-H2K 和 H2K-H5K,等等。其中应用最广泛的是 H1-H2,即第一、二谐波之间的振幅差异。很显然,频谱倾斜程度越大,H1 就越比 H2 振幅大;倾斜程度越小,H1 跟 H2 的差值就越小,甚至可能小于 H2。一般来说,发声态气化程度越高,频谱的向上倾斜程度就越高(H1>H2);发声态嘎裂程度越强,H1 相较于 H2 就越弱,甚至 H1-H2 变成负值;而常态发声的频谱倾斜程度则在两者之间。

下面介绍一下用 Praat 来计算 H1-H2 的操作方法。这里的使用场景是要在声音编辑器里获得某个时间点的 H1-H2 值。

首先需要保证的是当前语图设置为窄带。然后把光标移到要测量的位置,点击"Spectrum＞ View spectral slice"(图8-1-6),Praat 就会提取当前位置的窄带语图到对象窗口,成为一个新的 Spectrum 对象,并以当前声音对象名加上提取时间来命名。同时 Praat 还会在一个新的 Spectrum 编辑窗口中打开这个对象(图8-1-7)。

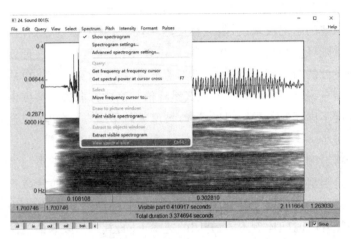

图 8-1-6 在 Sound 编辑器中提取语图断面的频谱

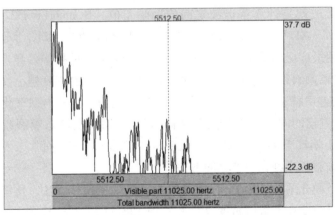

图 8-1-7 提取出来的窄带语图

选择低频区域后放大成如图 8-1-8 的样子，可以清晰看到前几个谐波的位置。然后把光标先后直接移到前两个谐波的峰值顶端位置，读出对应的振幅 dB 值（左侧坐标旁的红色数字）。这样就可以计算出 H1-H2 值了。

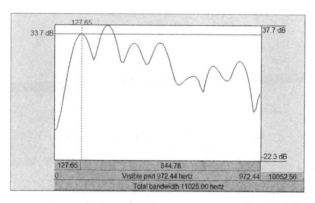

图 8-1-8　通过查找前两个谐波来计算 H1-H2

不过这个方法是纯手动操作的，主要用在临时需要了解一下 H1-H2 值的情况，结果也不是非常准确。要更准确的结果，就需要利用 Query 方法。只是 Spectrum 对象不大方便直接查询振幅值。一般需要先把 Spectrum 对象转化成 Ltas 对象。我们可以在选中 Spectrum 对象的时候，点击它右侧的浮动按钮 Analyse，在展开的菜单里可以找到 To Ltas (1-to-1)，得到如图 8-1-9 所示。点击

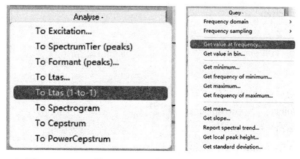

图 8-1-9　利用 Ltas 对象来获得谐波振幅的方法

后,对象区就出现了一个 Ltas 对象。

然后点击右侧对应的浮动按钮 Query,选择"Get value at frequency...",就会跳出如图 8-1-10 的对话框。

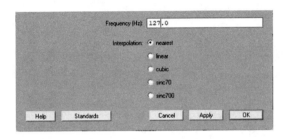

图 8-1-10　Ltas 对象查询谐波的对话框

我们只需要把最上面文本栏中的数字改成 H1 的频率值即可。而这个频率值因为就等于基频值,之前我们在声音编辑窗口就已经可以从 pitch 曲线上读取了。这样就可以得到 H1 的振幅值。然后再一次查询,把对话框的频率值改成基频值翻倍就可以得到 H2 的振幅值。如此就可以求出比较精确的 H1-H2 结果。

当然,手动操作总是比较麻烦,我们可以把以上操作打包成一段 Praat 脚本,放在声音编辑器中使用。脚本如下:

＃本脚本功能是在声音编辑器中求出光标所在位置的 H1-H2 值
＃编辑器中需要显示音高曲线和语图,同时语图设置为窄带
shijian = Get cursor
h1 = Get pitch
h2 = h1 * 2
View spectral slice
endeditor
Rename: "untitled"
selectObject: "Spectrum untitled"
To Ltas (1-to-1)
h1zhi = Get value at frequency: h1, "nearest"
h2zhi = Get value at frequency: h2, "nearest"

h1h2 = h1zhi - h2zhi
printline h1 - h2 值为:'h1h2:1' dB
selectObject:"Spectrum untitled"
plusObject:"Ltas untitled"
Remove

大家可能也发现了,上面的操作存在一个问题。我们是直接用录音文件来计算的 H1 - H2,但是录音录的并不是声门波,而是我们最终听到的语音。第六章我们介绍了声源-过滤模型。声门波是那个声源的波形,而最终听到的语音是已经经过过滤的声门波,而并非原始的声门波。过滤过程实际上是对声门波的一个变形过程,出现共振峰其实就是改变不同谐波之间的振幅大小关系。通过上述办法得到的 H1 - H2 值,并非声门波的 H1 - H2 值。幸好 H1 和 H2 都比较低,只有第一共振峰比较低的高元音对它们的影响会比较厉害。早期的一些研究,往往要求实验音节不能是高元音。这其实就是尽量避免共振峰的干扰。很显然,这样的做法只是权宜之计。我们还是应该想办法从录音中先提取出声门波再计算谐波差值。

从录音中确实可以提取声门波,这需要用到一种叫逆滤波的方法。如图 8-1-11 所示,根据声源-过滤模型,语音就是在声源的

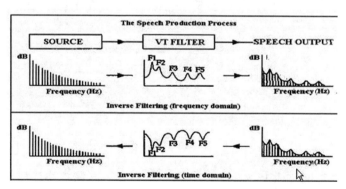

图 8-1-11 声源过滤形成声波和通过对声波反过滤得到声源示意图(Hardcastle 等,2010)

基础上叠加了一个特定形状的过滤器,最后得到我们听到的语音。现在我们拿到的是最终的语音,只要了解过滤器的形状,通过一定的数学方法,把这个过滤器形状倒过来,得到一个倒置的过滤器,然后对原始语音做一个逆向过滤操作就可以得到声门波了。

这同样在 Praat 中可以完成。大致操作如下:

在选中 Sound 对象后,先把声音降采样成 10000Hz(这一步本身不是必须的,但是可以方便后面 LPC 的参数设置。否则必须先查看录音文件的采样频率)。

选中降采样的 Sound 对象,点击"Analyse spectrum",再点击"To LPC>To LPC(autocorrelation)…",于是跳出如图 8-1-12 这样的对话框。因为采样率已经固定为 10000Hz,所以我们可以根据第六章共振峰测量部分介绍的,把对话框中第一栏 Prediction order 改成 12,其他都不用改,点击确定后,在对象区就出现一个 LPC 对象。

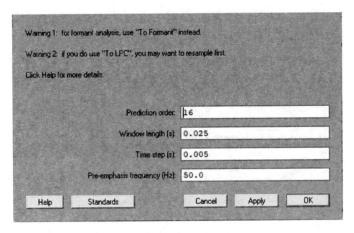

图 8-1-12 4C 对象的设置对话框

然后同时选中 Sound 对象和 LPC 对象。右侧浮动按钮就会显示如图 8-1-13。

点击第二个按钮 Filte(inverse),在对象区就会生成一个逆过滤

图 8-1-13　通过 LPC 对象来逆滤波

后的 Sound 对象。

我们可以比较一下原始声音和处理后的声音的语图(图 8-1-14)。

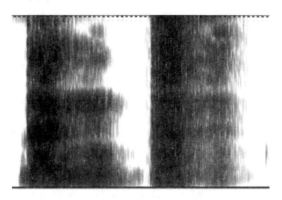

图 8-1-14　原始声波的语图和逆滤波后的语图

左边的是原始声音的语图,我们可以看出有共振峰的存在。而右边是逆过滤后声音的语图,整个语图没有明显能量集中分布在某几个频段。所以这个对象是比较接近原始声门波的。这时我们再来计算谐波差就可以大大降低调音对声门波的影响,结果也就更接近声源本身的特征。不过这毕竟是一种数学处理,我们很难完全去除掉共振峰的影响。处理过的声音听辨时还是能隐隐听出调音后的音色。因此,用这种方法得到的结果,可靠性肯定还是不如直接测量声门的方法。

谐波差在研究中使用的不止 H1-H2 一种,有时还会使用第一谐波与各共振峰谐波差 H1-A1(H1-A2、H1-A3),这些参数主要反映了声带闭合速率的区别,速率越低则数值越大,相应气化程度也越强。另外还有研究计算 H2 - H4，这个参数据说主要和声带体的僵硬度有关，H2 - H4 差值越小，声带体的僵硬程度就越高。

8.1.5.2 噪音水平：HNR 和 CPP

噪音水平也是研究发声态常用的特征。目前主要使用的两个声学参数是谐波噪音比(Harmonics to Noise Ratio, HNR)和倒谱突显峰值(Cepstral Peak Prominence, CPP)。

HNR 测量的是谐波总能量与噪音总能量之间的比值。一个声音中噪音成分越多，HNR 值也就越小，反之越大。由于气声态中有大量噪音能量，所以在音质相似的情况下，气声元音和常态元音相比谐波和噪音比值总是偏小。HNR 也被一些学者用于区分嘎裂声和常态发声。由于基频不规则的声波往往会伴随一定量的噪音，因而 HNR 值低则说明基频振动不规则导致了喉门噪音。但需要注意的是，嘎裂声包含多种不同的类型，并不是所有类型都伴随明显的噪音。其中气泡音(Vocal Fry)这种类型就没有喉门噪音，相应的 HNR 值较高。

HNR 也有比较大的局限。首先，元音音质差别比较大的两个音的 HNR 值没有比较意义。因为不论什么发声态，总体频谱总是越到高频能量越小。所以共振峰集中在低频的元音谐波总能量总是比共振峰偏高的元音谐波总能量大。比如常态发声下[u]的 HNR 值往往接近 40dB，而[i]的 HNR 值一般在 20dB 左右。其次，由于这个参数只是比较谐波和噪音的能量，因此它并不能分辨噪音的来源。即便是常态发声，如果调音过程中有噪音源，HNR 同样会偏低。此外，HNR 还可以用来区分普通元音和擦化元音。

HNR 可以直接用 Praat 测量。只需在选中声音对象后，点击"Analyse periodicity>To Harmonicity (cc)..."即可。

点击后会跳出如图 8 - 1 - 15 这样的对话框，一般情况下使用默认参数即可，直接点击 OK 后，对象区会出现一个 Harmonicity 对象。这个对象其实跟 PitchTier 对象差不多，存储了每个时间点的 HNR 值。但是它不能打开编辑，只能绘制出来，或者通过 Query 方法获取特定时间点的 HNR 值。使用方法跟 PitchTier 类似,这里不多赘述。

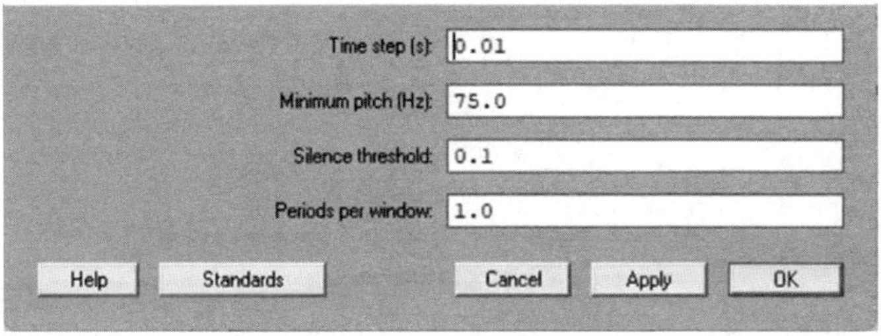

图 8-1-15 测量 HNR 的方法

倒谱突显峰值(Cepstral Peak Prominence,CPP)是另一种用于反映声音中的噪音水平的声学参数。CPP 测量的是倒谱峰与倒谱回归线的距离。一个声音中噪音成分越多,倒谱峰到回归线的距离就越小,因此它也能反映声音中的噪音水平。一般来说,气声态的 CPP 值小于常态发声的 CPP 值。谐波振幅差等测量的准确性极易受到如共振峰、基频抖动(Jitter)以及振幅抖动(Shimmer)等多种因素的影响,但 CPP 测量不受此限制(Hillenbrand 等,1994:776)。CPP 是区分气化和常态发声态的最稳定的参数。

不过需要注意的是,与 HNR 一样,CPP 同样不能区分出发声造成的噪音还是调音带来的噪音。

早期版本的 Praat 无法直接测量 CPP,不过用现在的版本已经可以直接测量了。方法如下:选中 Sound 对象后,点击"Analyse periodicity＞To PowerCepstrogram…",出现如图 8-1-16 这样的对话框。里面的参数一般情况下无需修改。如果要测量的声音其音高低于 60Hz,则根据实际情况把第一个参数数值改小。

点击 OK 后,在对象区会生成一个 PowerCepstrogram(功率倒谱语图)对象。这个对象也存储了若干时间点的数据,因此要提取特定时间点的 CPP 值还需进一步操作。点击"To PowerCepstrum (slice)…",然后在跳出对话框中填入对应的时间,再点击 OK。这

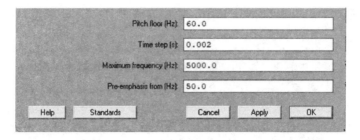

图 8-1-16 Power Cepstrogram 对象的设置对话框

样,在对象区又会生成一个以之前的 PowerCepstrogram 对象名加时间为名的 PowerCepstrum(功率倒谱)对象。在这个对象的浮动按钮中,点击"Query>Get peak prominence...",就会跳出如图 8-1-17 的对话框。

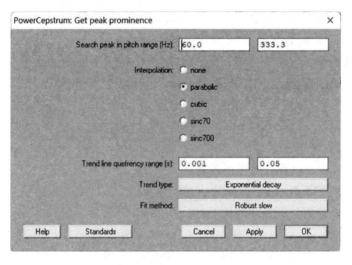

图 8-1-17 提取 CPP 值的对话框

其中的参数也基本不用修改,直接点击 OK 后,在 Info 窗口中就会显示当前时间点的 CPP 值。如果觉得操作过程比较繁琐,可以自行考虑合并成脚本。

8.2 VoiceSauce 操作

8.2.1 VoiceSauce 的安装

接下来我们介绍一下 VS 的基本用法。VS 软件可以在它的主页 http://www.phonetics.ucla.edu/voicesauce/中免费直接下载。由于 VS 是基于 Matlab 开发的,它可以在 Matlab 中运行,也可以在 PC 上独立运行。主页上同时提供了 Matlab 中运行的 m-code 和供无 Matlab 环境 PC 使用的安装文件。如果用第一种方式,需要先安装一个 Matlab 的运行包(主页上也提供了下载链接)。

8.2.2 参数提取

安装完成后,打开软件会跳出两个窗口。其中一个全黑的窗口是控制台界面,一般不用理会。另一个就是 VS 的主界面,共有 8 个按钮,分别是参数提取、参数显示、输出到文本、输出到 EMU、数据调整、设置、关于、退出。操作的第一步一般是先点击参数提取按钮,点击该按钮后会出现如图 8-2-1 界面。

在列表框下面的文本输入框"Input(*.wav)directory:"中,用户可以直接输入测量文件夹的路径,也可以通过点击旁边"Browse..."按钮用鼠标定位路径。直接输入路径时,末尾不要忘记添加"\",否则 VS 无法正确定位。定位路径后,这个窗口最上方的列表框会相应列出当前文件夹中存放的所有波形文件。如果要开始测量,就可以直接点击最下面的"Start!"键。不过一般来说,先不用直接开始测量,而应该先调整一下需要提取的参数。因为默认是提取所有可以测量的参数,但是常规研究并不需要那么多参数。VS 的官方介绍也建议不要一次提取太多参数,这样可以有效地避免内存大小的限制。我们先点击下面的"Parameter Selection..."按钮,点击后会出现一个参数选择对话框(图 8-2-1)。

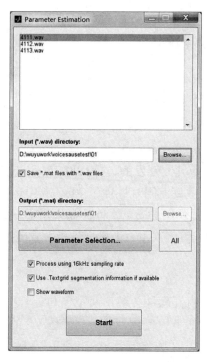

图 8-2-1 参数提取窗

对话框中列出了 VS 能够测量的参数，包括：基频(F0)，共振峰(Formants)，第一、二、四谐波的振幅(H1、H2、H4)，前三个共振峰附近最强谐波的振幅(A1、A2、A3)，2000Hz 周围最强谐波振幅(2K)，5000Hz 周围最强谐波振幅(5K)，第一、二谐波的振幅差和第二、四谐波振幅差($H1^* - H2^*$、$H2^* - H4^*$，星号表示经过共振峰校正[①])，第

[①] 如上一节所述，因为调音是对原始嗓音频谱的再调节，尤其低频共振峰对前两条谐波的原始数量关系造成干扰。所以要采用这个参数，最好通过一定逆滤波算法来去除共振峰的影响。VS 也提供了基于共振峰校正(Formant Corrections)的谐波差值。为了区分未校正的谐波差，在软件中使用"*"表示。这种校正算法来自 Hanson(1997) 和 Iseli 等人(2007)，主要功能是通过共振峰值和带宽值来逆推声源谐波振幅。由于 Matlab 自身的限制，"*"符号在 VS 中无法输出，因此在输出结果中以"c"表示共振分校正结果，"u"表示共振分未校正结果。

一谐波与前三个共振峰最强谐波的振幅差(H1*－A1*、H1*－A2*、H1*－A3*),第四谐波与2000Hz附近谐波的振幅差(H4*－2K*),2000Hz和5000Hz附近谐波振幅差(2K*－5K),能量(Energy),倒谱突显峰值(CPP),谐噪比(HNR),次谐谐波比(SHR),激励度(Epoch,SoE)。默认状态是所有测量的参数都选中。由于参数太多,一个个去掉比较麻烦。我们的建议是先任意点击一个参数,再在键盘上用ctrl+A反向选择所有参数,然后再用鼠标点选其中的"F0(straight)"和"Formants(Snack)"。这两个参数是使用程序内置的Straight算法测量基频,用内置的Snack算法测量共振峰。因为这两个参数是计算大部分嗓音声学特征的基础(比如要测量H1-H2,就需要依靠基频值来定位前两个谐波)。选中相应参数后点击OK退出选择界面。接下来点击"Start!",VS就会自动把当前目录中所有波形文件全部测量一遍。

每个波形文件的测量结果都会存放在与波形文件同名的mat文件中。mat文件默认存放在与波形文件相同的目录中。如果需要改变,可以取消输入路径文本框下面的"Save *.mat files with *.wav files"选项。这样本来灰色的输出路径文本框会激活,接下来就可以用与改变输入路径一样的方式直接填写或者用鼠标指定输出路径。再次测量的时候,如果继续选择前面测量过的参数,那么mat文件中之前对应的测量结果会被覆盖;如果选择新的参数,那么测量结果会追加到mat文件中,而之前测量的数据依然保留。

在参数提取窗口底下还有三个选择框。第一个选择框是测量之前把所有高于16000Hz采样频率的声音文件都先降采样到16000Hz。因为这样不但能减少不同采样率对部分结果的影响,也可以提高测量速度。这个选择框一般默认勾选。由于程序不会自动保存经过降采样的文件,每次重新提取参数,声音文件都需要重新降采样,这会影响测量效率。因此建议在备份好原始录音文件后,把所有文件提前批量降采样到16000Hz。这样就可以提高测量速度。

第二个选择框是利用Praat的TextGrid标注文件。如果没有标注文件,VS 就会测量整个声音文件。但是大部分情况,我们可能只需要测量声音文件中的某一段。如果提前用 Praat 给声音文件做好标注,那么 VS 就可以不必测量整个声音文件了。默认情况下,VS 只测量 TextGrid 第一层中有标注的音段。当然,我们也可以在设置中根据需要更改。这在设置部分会进一步介绍。

第三个选择框是显示波形。勾选后,点击上面列表框中的声音文件,就会直接显示对应的波形。

基频和共振峰数据是其他参量的测量基础,因此整个测量的可靠性依赖于这两个参数的可靠性。如果基频无法准确测量,那么所有测量都不可靠。共振峰提取不合理,那么基于共振峰的修正数据也都有问题。而共振峰的提取,会受制于气化、鼻化乃至基频过高等多种因素。建议大家完成基频和共振峰测量后,一定要先检查一遍,确保无误后再开展其他参数的提取。因此在第一步参数提取完成后,我们一般会先退出参数提取窗口,然后在主窗口中点击"显示参数"按钮。在显示参数窗口中,我们可以直接在坐标图里查看波形和提取到的各项结果。通常,直接观察基频曲线图和共振峰轨迹图就可以判断基频提取和共振峰提取结果是否合理。与"数据调整"中的参数显示不同,这里是可以多个参数叠加显示的,这就对显示共振峰之类的参数特别有用。

8.2.3 参数设置

如果发现得到的结果并不理想,可以通过改变测量设置或者用其他程序重新测量。这里先介绍一下 VS 中的参数设置。在主窗口中点击 Settings 按钮,设置窗口如图 8-2-2 所示。

设置窗口有若干分区,这里只介绍基频设置、共振峰设置和 TextGrid 设置三个部分。正如前面在参数提取部分看到的,VS 内置了 Straight、Snack、Praat,也允许直接指定外置程序进行测量。在基频和共振峰设置区的顶部都有几个算法供选择,点选不同的算法就是选择进一步测量将以哪种算法的结果作为基础。

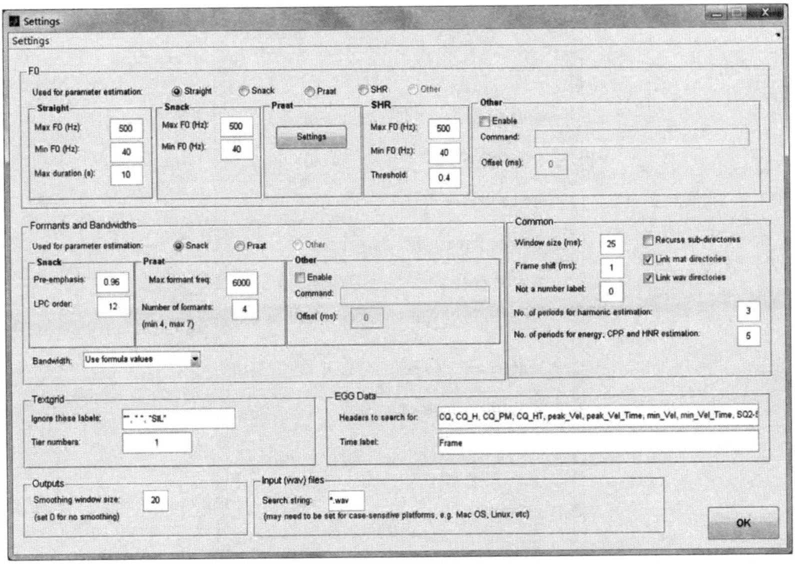

图 8-2-2 VS 中的 Praat 参数设置窗

基频提取最常用的是 Straight 和 Praat，默认是用 Straight。Straight 算法设置比较简单，只需要设置预期基频结果的上下限，一般来说默认值就可以。或者可以考虑男子发音人基频上下限用 50～250Hz，女子发音人用 150～350Hz。

Praat 的参数设置比较复杂，点击 Setting 后还会出现一个对话框（与 Praat 相关测量设置类似），如图 8-2-3 所示。具体设置方法可以参看第五章。

共振峰提取最常用的是 Snack 和 Praat。Snack 算法有两个参数可以改。Pre-emphasio 一般不用改。LPC order 跟我们第六章介绍 LPC 设置方法一样。如果碰到元音[u]这样共振峰比较接近的元音比较多，可以考虑把这个系数提高。Praat 设置里主要可以修改频率上限和共振峰数量。这部分也请参看第六章。

TextGrid 设置中可以修改需要忽略的标注段和读取层的序号。忽略的标签要放在半角的双引号中，多种标签则用半角的逗号分隔。

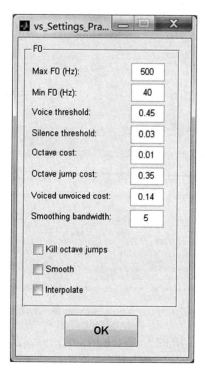

图 8-2-3　VS 中的 Praat 参数设置

比如默认设置为""," ","SIL"",意思是忽略标注为空白或者只有空格的和标注为"SIL"(一般表示无声段)的音段。层序号则是指明 VS 读取哪一层标注,默认为第一层。

不过,VS 提取参数总是同一目录批量测量的,这样很难做到对单个文件微调。事实上总会有一些声音文件不能用统一的参数来完成测量。所以,一般不推荐在设置里直接修改这些默认参数进行测量。建议先通过参数显示功能找到那些测量错误的声音样本,再利用 Praat 等其他软件单独处理这些有问题的样本,然后再用测量的结果替换 VS 提取的数值。

8.2.4 数据调整

替换测量数值功能需要点击"数据调整"(Manual Data Input)按钮调出,如图 8-2-4 所示。

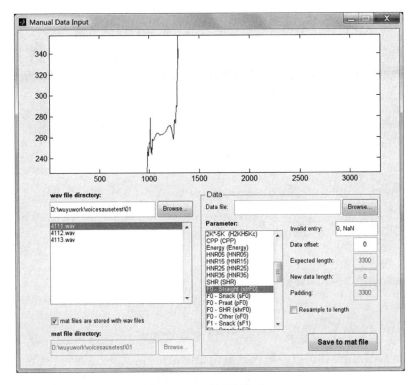

图 8-2-4 数据调整窗口

数据调整窗口顶部是显示各参数的坐标框,VS 测量的结果用蓝色曲线显示。

左下部分与之前参数提取窗口差不多,只是把文件列表框放到了测量路径和结果文件路径之间了。在文件列表框右侧是参数列表,中间列出了 VS 能够测量的所有参数。如果该参数已经测量完毕,则在点击该参数后,顶部坐标框中会显示相应的结果曲线。

各参数名称如果以"u"结尾,则表示是未进行共振峰校正的原始数值;而以"*"结尾,则表示是经过校正后的结果。每个参数括号中的名称是输出结果时该参数的显示名称。由于 Matlab 字母使用的限制,在输出结果中无法使用星号,所以校正的结果名称代之以"c"结尾。

虽然说在这个界面里所有测量结果都是可以调整的,但是一般需要调整的是基频和共振峰数据,以便下一步测量其他参数时可以得到更准确的结果。修正的数据需要先保存成一个文本文件,如图 8-2-5 所示。

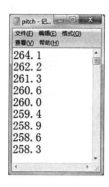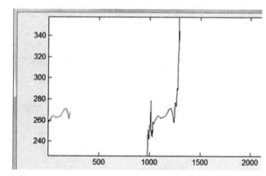

图 8-2-5 数据调整文件格式和显示结果

文本内容只能有一列,列出修正好的结果。当我们把这个结果文本存盘后,就可以在数据调整窗口中,通过列表上方的路径框导入数据。导入的数据直接会以红色曲线方式显示在上方的坐标框中,以便和原始测量结果对比。但是由于调整数据文本中不能包含时间信息,所以红色曲线无论是长度还是起始位置往往和蓝色曲线不同。调整起始位置可以在右侧"Data offset"输入框中修改。比如图 8-2-5 右侧基频曲线实际起始时间应该是 948ms,就直接在框中填入 948 即可。我们目前使用的 VS 版本还无法非常自由地修改曲线长度,只有在右下侧有个选择框"Resample to length"。勾选这个选项后,VS 会根据声音文件的时长,用插值的办法来填补数据,自动把导入的曲线扩展成整个文件的长度。但是很可惜，这往往不是我们需要的结果。解决办法是提前做出一个步长为1ms(VS默认提取步长为1ms,可在设置中修改)的结果文本。下面，我们就以Praat为例说明如何制作。

在Praat任意编辑窗口的菜单中都有view,点击下拉菜单中的"Time step settings"(图8-2-6),然后在对话框中，把最上面的"Time step strategy"改成"fixed",再把第二栏中"Fixed time step (s)"改成0.001。保存之后，再用Praat编辑窗口的listing结果功能时,列出的数据结果步长就都是1ms了。不过Praat提供的结果列表同时包含时间列和结果列。所以保存成文本文件后，还需要使用Excel之类的软件处理一下才能导入到VS中。导入后，根据数据开始时间修改一下"Data offset"的时间，就可以得到需要的曲线。如果调整结果确实合理，就点击下面的"Save to mat file"按钮，用调整后的数据覆盖原始测量结果。

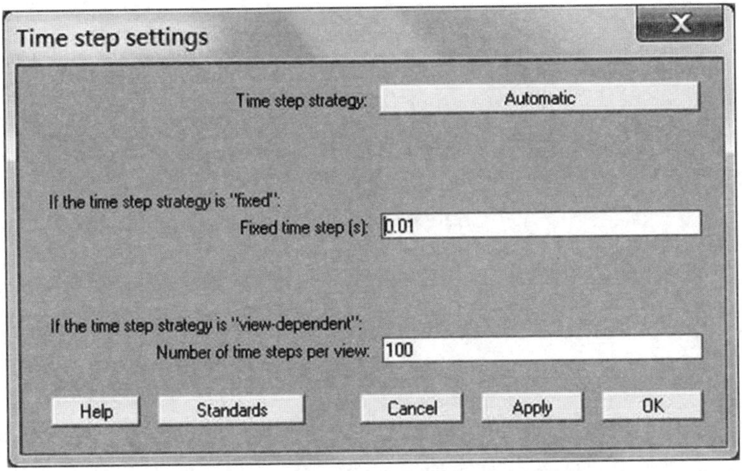

图8-2-6 Praat中时间步长设置窗口

在完成数据调整后，可以回到"参数提取"界面继续后续的测量。步骤与前文所述一样，只要把参数选择修改成相应的参数即可。完成这一步之后,我们可以把结果导出到文本文件。所有的测量结果导出前会自动进行平滑,平滑方法是滑动平均,默认为20个样点。

8.2.5 数据导出

结果导出功能需要使用主窗口"导出到文本"(Output to Text)按钮。点击后出现如图8-2-7所示界面。

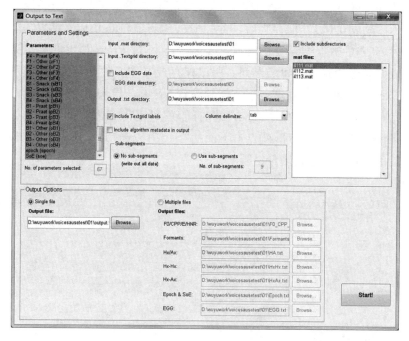

图8-2-7 数据导出窗口

导出窗口的左上角是参数选择,用来选择需要导出的参数。与参数提取中的参数选择一样,默认是选中所有参数。建议先用Ctrl+A清空全部选择,然后点取需要的参数。窗口中其他部分一般不用调整。点击右下角的"Start!"按钮,就会自然生成一个名为"output.txt"的结果文件。如果导出的参数比较多,为了结果文件清晰,可以考虑把下面的"Output Options"中的Single file改成Multiple files,这样VS

就会把不同的参数分别存成不同的文件。

导出数据时,还可以根据研究需要采用无分段(No Sub-segments)、使用分段(Use Sub-segments)两种方式导出。无分段是导出从起始点到终点整个时段每一个时点的数据;使用分段则可以将整个时段进行等分,提取等分点的数据。选择使用分段后,可以在框内填写你所要的等分点,如填写"10",则会提取从起始点到终点 10 个点的数据。设置完毕后,点击"Start!",数据就会导出,以 txt 的格式保存。使用者可以根据自身研究需求,将结果导入到 Excel 之类的软件中对测量数据的格式及排列进一步处理。

参 考 文 献

[1] 曹文. 国际音标表的变化——增减与修改[J]. 民族语文,2012 (5): 8-19.
[2] Catford J C. Fundamental Problems in Phonetics[M]. Edinburgh: Edinburgh University Press, 1977.
[3] Dart S N. Comparing French and English Coronal Consonant Articulation [J]. Journal of Phonetics,1998,26(1): 71-94.
[4] Esling J H. Phonetic Notation [A] // Hardcastle W J, Laver J & Gibbon F E. The Handbook of Phonetic Sciences(2nd ed.)[M]. Oxford: Blackwell Publishing Ltd. ,2010:678-702.
[5] 黄笑山. 对国际音标及其译名的理解[J]. 浙江大学学报: 人文社会科学版, 2006,36(5): 90-99.
[6] IPA. 国际音标(修改至 1951 年)[J]. 方言,1980 (2):84-84.
[7] IPA. Handbook of the International Phonetic Association: A Guide to the Use of the International Phonetic Alphabet[M]. Cambridge: Cambridge University Press,1999.
[8] Johnson K. Acoustic and Auditory Phonetics(3rd ed.)[M]. NewJersey: Wiley-Blackwell, 2012.
[9] Ladefoged P. Three Areas of Experimental Phonetics[M]. Oxford: Oxford University Press,1967.
[10] Ladefoged P. Elements of Acoustic Phonetics (2nd ed.)[M]. Chicago: University of Chicago Press,1996.
[11] Ladefoged P. A Course in Phonetics (4th ed.) [M]. Heinle & Heinle,2001.
[12] Ladefoged P. Phonetic Data Analysis. An Introduction to Fieldwork and Instrumental Techniques[M]. Oxford: Blackwell Publishing,2003.
[13] Ladefoged P & Maddieson I. The Sounds of the World's Languages[M]. Oxford: Blackwell, 1996.
[14] Laver J. The Phonetic Description of Voice Quality[M]. Cambridge:Cambridge University Press, 1980.
[15] Laver J. Principles of Phonetics[M]. Cambridge: Cambridge University

Press,1994.
- [16] 林焘,王理嘉. 语音学教程[M]. 北京:北京大学出版社,1992.
- [17] 罗常培,王均. 普通话语音学纲要[M]. 北京:商务印书馆,1981.
- [18] 孔江平. 论语言发声[M]. 北京:中央民族大学出版社,2001.
- [19] 孔江平. 实验语音学基础教程[M]. 北京:北京大学出版社. 2015.
- [20] 麦耘. 对国际音标理解和使用的几个问题[J]. 方言,2005(2):168-174.
- [21] 石锋,廖荣蓉. 语音丛稿[M]. 北京:北京语言学院出版社,1994.
- [22] Shue Y-L, Keating P, Vicenik C, Yu K. VoiceSauce:A Program for Voice Analysis[G]. Proceedings of the ICPhS XVII,2011:1846-1849.
- [23] Titze I R. The Physics of Small Amplitude Oscillation of the Vocal Folds [J]. The Journal of the Acoustical Society of America, 1988, 83: 1536-1552.
- [24] 游汝杰,杨剑桥,等. 吴语声调的实验研究[M]. 上海:复旦大学出版社,2001.
- [25] 周殿福,苏晓青. 国际音标发音辅导讲话[J]. 江苏师范大学学报:哲学社会科学版,1983(3):91-97.
- [26] 朱晓农. 术语命名的原则、方法、标准——辨析一些中文语音学术语[A]//语言研究集刊,上海:上海辞书出版社,2008:1-17.
- [27] 朱晓农. 上海声调实验录[M]. 上海:上海教育出版社,2005.
- [28] 熊子瑜. 语音库建设与分析教程[M]. 西安:西安交通大学出版社,2017.

附 录

示例脚本1：平均取若干个音高点

♯ 平均提取若干音高值的脚本，可以在 Sound 窗口或者 Pitch 窗口中使用
♯ 在 Sound 窗口中使用不要忘了选中'Pitch/show pitch'
♯ 使用方法：
♯ 1）打开 SoundEditor 或者 PitchEditor
♯ 2）选中要提取音高值的那段波形，注意选中段内音高曲线必须贯穿始
♯ 终，否则会提取空值
♯ 3）点击当前窗口 File/open editor script... 打开本脚本后运行
♯ 4）如果经常需要使用本脚本，请在当前 script 窗口点击 File/Add to menu...
♯ 5）在出现的对话窗中，修改 Command 后文本框内容，可改成"提取音高"
♯ 或者任意你喜欢的名称
♯ 6）点击确定后，本脚本就可以固定在 sound 窗口的 File 菜单中了

```
form Get pitch points
     integerinterval_num 10
optionmenu duan(interval_or_point)：2
        optiondian
        option duan
endform
♯ Getting the interval from the user：
；interval_num = 10


♯ Initializing loop variables：
begin_from = Get begin of selection
end_by = Get end of selection
interval = (end_by-begin_from)/interval_num
dur = end_by-begin_from
```

```
time1 = begin_from
if interval = 0
    exit you did not select the syllable
endif
# Printing the table header:
echo Pitch listing by the interval of 'interval:4' sec:
printline begin from 'tab$' 'begin_from:4'
printline end by 'tab$' 'tab$' 'end_by:4'
printline duration 'tab$' 'dur:4'
printline
printline No. 'tab$' Time(sec)'tab$' F0(Hz)
printline -----------------------

# Listing by specific interval:
for count from 1 tointerval_num
    time2 = time1 + interval
    Select... 'time1' 'time2'
    f_0 = Get pitch
    time = (time1 + time2)/2
    if duan = 2
printline 'count' 'time1:4' - -'time2:4' 'tab$' 'f_0:1'
    else
printline 'count' 'time:4' 'tab$' 'f_0:1'
    endif
    time1 = time1 + interval
endfor

printline -----------------------

# Recover the selection as ever:
Select... 'begin_from' 'end_by'
```

♯ END OF SCRIPT ♯

示例脚本2：绘制元音散点和椭圆图

♯元音散点椭圆作图脚本1.01
♯用praat画声学元音图,我们首先需要准备一个共振峰数据文件
♯以praat内置的荷兰语元音数据为例。我们可以先在Praat主窗口new/
♯tables/creat tableofreal(pols 1973)
♯生成这样一个数据文件。生成之后,大家可以用Save asheaderless
♯spreadsheet file保存这个文件
♯这是一个纯文本的文件,改一下里面相关参数和数据就可以生成自己的
♯共振峰文件
♯然后在ReadTableOfReal from headerless spreadsheet file打开它,就可以
♯用下面这个script来画声学元音图
♯请注意,其中optionmenu biankuang(是否清空后画边框)的作用有两个,
♯一个是清空作图区域,另一个是画出边框
♯所以如果要再叠加其他数据图形,biankuang就要选择no
♯本脚本基于Praat5.2.16制作,欢迎大家使用传播
♯脚本编写者:凌锋
form 元音散点和椭圆
    comment 注意:要先选中 tableofreal 文件
    integerDaxiao 10
    optionmenu Color：1
        option Black
        option Blue
        option Purple
        option Red
        option Pink
        option Green
        option Teal
        option Grey
    optionmenu xianxing(线条类型)：1

        option Solid line

        option Dotted line

        option Dashed line

        option Dashed-dotted line

    optionmenu tuoyuan(是否画元音椭圆): 2

        option yes

        option no

    optionmenu sandian(是否画元音散点): 1

        option yes

        option no

    optionmenu biankuang(是否清空后画边框): 1

        option yes

        option no

endform

call yanse

name$ = selected$ ("TableOfReal")

Copy... bark

Formula... if col = 2 thenhertzToBark(self) else self fi

Formula... if col = 1 thenhertzToBark(self) else self fi

#draw a vowel chart axis, with the F1 F2 in bark scale

xleft = 17.617

xright = 4.074

ytop = 1.073

ybottom = 10.573

Axes... xleft xright ybottom ytop

if biankuang$ = "yes"

    Erase all

    Select inner viewport... 0.5 5.015 0.5 3.667

    Text left... no F1

    Text bottom... no F2

```
Axes... xleft xright ybottom ytop
One mark top... xleft no yes no 4000
One mark top... xright no yes no 400
One mark right... ytop no yes no 100
One mark right... ybottom no yes no 1400
One mark bottom... xleft no yes no
One mark bottom... xright no yes no
One mark left... ytop no yes no
One mark left... ybottom no yes no
# 为了间隔都是整数,不用 for 循环
zuixiaokedu = 4000 - 250
shuzibiaoji = 1;用于控制间隔做数字标注
while zuixiaokedu > 400
    shuzibiaoji = -1 * shuzibiaoji
    keduweizhi = hertzToBark(zuixiaokedu)
    if shuzibiaoji > 0
        One mark top... keduweizhi no yes no 'zuixiaokedu'
    else
        One mark top... keduweizhi no yes no
    endif
        One mark bottom... keduweizhi no yes no
    zuixiaokedu = zuixiaokedu - 250
endwhile
zuixiaokedu = 1400 - 100
while zuixiaokedu > 100
    keduweizhi = hertzToBark(zuixiaokedu)
    One mark right... keduweizhi no yes no 'zuixiaokedu'
    One mark left... keduweizhi no yes no
    zuixiaokedu = zuixiaokedu - 100
endwhile
endif
```

\# draw scatter plots of the vowel samples
if sandian$ = "yes"
    Draw scatter plot... 2 1 0 0 'xleft' 'xright' 'ybottom' 'ytop' 'daxiao' yes + no
endif

\# draw ellipses
if tuoyuan$ = "yes"
    To Discriminant
    Draw confidence ellipses... 0.95 no 2 1 'xleft' 'xright' 'ybottom' 'ytop' 'daxiao' no
    Remove
endif

selectTableOfReal bark
Remove
selectTableOfReal 'name$'

procedure yanse
    if color = 1
        Black
    elsif color = 2
        Blue
    elsif color = 3
        Purple
    elsif color = 4
        Red
    elsif color = 5
        Pink
    elsif color = 6
        Green
    elsif color = 7
        Teal
    elsif color = 8

        Grey
    endif
    if xianxing = 1
        Solid line
    elsif xianxing = 2
        Dotted line
    elsif xianxing = 3
        Dashed line
    elsif xianxing = 4
        Dashed-dotted line
    endif
endproc